IMURA Keiso　AIZAWA Jouji
井村圭壯・相澤譲治 編著

現代の障がい児保育

学文社

執　筆　者

＊相澤　譲治　神戸学院大学　（第1章）
　栗山　宣夫　育英短期大学　（第2章）
　大島　光代　名古屋学芸大学　（第3章）
　祐東　孝好　高知学園短期大学　（第4章）
　山下　直樹　名古屋短期大学　（第5章）
　増南　太志　埼玉学園大学　（第6章）
　平田　香奈子　鈴峯女子短期大学　（第7章）
　打浪　文子　淑徳大学短期大学部　（第8章）
　角田　雅昭　茨城女子短期大学　（第9章）
　平尾　太亮　中国短期大学　（第10章）
　小林　徹　郡山女子大学短期大学部　（第11章）
　志村　浩二　浜松学院大学短期大学部　（第12章）
　佐々木由美子　足利短期大学　（第13章）
　今井　慶宗　関西女子短期大学　（第14章）
＊井村　圭壯　岡山県立大学　（第14章）
　小野　貴美子　別府大学　（第15章）

（執筆順・＊は編者）

はしがき

　少子高齢化，核家族化，地域社会の相互扶助機能の希薄化の大きな流れのなか，家庭や地域をとりまく環境が大きく変容している。乳幼児の子育てに関しても，子育てに悩む母親が増えてきている現状のなか，国や厚生労働省は，子どもとその家庭を支える法律や制度を制定している。たとえば，次代の社会を担う子どもたちが，健全に育成される社会となるように，2003（平成15）年9月に「次世代育成支援対策推進法」が制定されている。また，2012（平成24）年8月に「子ども・子育て支援法」が制定され，子育てに関するさまざまな課題の解決を目指して，地域の特性や一人ひとりのニードに対応した柔軟なサービスの提供が求められるようになった。「子どもの最善の利益」が重視される社会を目指して，「子ども・子育て支援法」をはじめとする「子ども・子育て関連3法」が制定され，2015（平成27）年度から「子ども・子育て支援制度」に移行された。障がいをもつ乳幼児も「子どもの最善の利益」のために保育所や幼稚園に通いながら，集団生活の場での保育をうけている。障がいをもちながらも，成長，発達に欠かせない集団の場を保育の現場においてうける機会があることは，障がいをもつ子どもの親ともどもすばらしい機会となっている。

　障がいをもっていることで，特別な支援が必要な乳幼児であるからこそ保育士は，一人ひとりに見合った保育，教育の実践が不可欠と考えられる。乳幼児から健常児も障がいをもつ友だちとのかかわりのなかで，おたがいを知り，また学びあうなかで両者は成長していくことができるであろう。

　本書は，保育の現場で実践しようとする学生たちが，障がい児保育の基本について学習できるように，保育士養成教育課程の学習目標に準拠している。

　なお，制度や法律上「障害」，「障害児」とされているところは，そのまま表記しているが，本書の文章中は「障がい」というように「がい」をひらがなで表記している。論者によって諸種の主張があるが，「害」のもつ意味をできる

かぎり払拭したいとの趣旨である。読者のご理解をお願いしたい。

　本書の執筆者の皆さんは，保育士養成において本科目を担当する専門の先生方である。本書の企画に賛同し，お忙しいところご執筆いただいた。
　本書の執筆，編集に当たっては，各執筆者の方々，そして学文社社長田中千津子氏，編集部の方々には大変お世話になった。紙面を借りて感謝申し上げる。

2016年1月10日

編著者

目　次

はしがき………………………………………………………………… i

第1章　「障がい」の概念と障がい児保育の歴史的変遷 ………… 1

第1節　「障がい」と「障害」　1

第2節　「障がい」の概念　3

　1．わが国の「障がい者」の定義　3／2．国際的な「障がい」の概念　4

第3節　障がい児保育の歴史的変遷　7

　1．障がい児保育の動向　7／2．戦前の取り組み　7／3．1960年代での取り組み　8／4．1970年代での取り組み　9／5．現代の取り組み　10

第2章　障がい児保育の基本 ……………………………………… 13

第1節　人間のための保育　13

第2節　子どもの「困り感」「わかり」を読み取る　15

第3節　子どもの世界を否定するのではなく，子どもの世界が膨らむ援助を　18

第3章　肢体不自由児と視覚・聴覚障がい児の理解と支援 …… 21

第1節　肢体不自由児の理解と支援　21

　1．肢体不自由児とは　21／2．肢体不自由児の保育・教育と支援　22

第2節　視覚障がい児の理解と支援　24

　1．視覚障がい児とは　24／2．視覚障がい児への支援　25

第3節　聴覚障がい児の理解と支援　27

　1．聴覚障がい児とは　27／2．聴覚障がい児への支援　29

第4章　知的障がいの理解と支援……………………………………… 31

第1節　知的障がいの理解　31

1．知的障がいとは　31／2．知的障がいの原因　32／3．知的障がいの分類　32／4．合併症　32

第2節　知的障がいの特徴　33

1．全般的な特徴　33／2．ダウン症候群について　33

第3節　知的障がいの支援　35

1．保育における基本的な対応　35／2．知的障がい児保育の大切なこと　36／3．軽度の知的障がいについて　36／4．その他　37

第5章　発達障がい児の理解と支援……………………………………… 39

第1節　発達障がいとは　39

1．自閉症スペクトラム障がい　39／2．注意欠陥多動性障がい（ADHD）　40／3．学習障がい（LD）　41

第2節　子どもの行動を理解し支援するために　41

1．子どもの行動の背景を考える　41／2．氷山モデルで子どもの行動を理解する　42

第3節　事例と場面から支援を考える　44

1．乱暴な子ども　44／2．自分の気持ちをうまくことばで伝えられずかんしゃくを起こす子ども　45

第6章　保育課程に基づく指導計画の作成と記録および評価………… 47

第1節　障がい児の保育の計画　47

1．計画的な保育の必要性　47／2．PDCAサイクル　48

第2節　指導計画　48

1．保育課程と指導計画　48／2．障がい児保育における指導計画　49／3．個別の支援計画と個別の指導計画　50／4．指導計画の実際　51

第3節　記録と評価　52

1．記録と評価の意義　52／2．記録・評価のポイント　53／3．計画

および記録・評価の実際　53

第7章　個々の発達を促す生活や遊びの環境 ……………………………… 57

　第1節　保育における「遊び」と「環境」　57

　　1．子どもの育ちと生活・遊び　57／2．保育における遊び　58／3．障がいのある子どもと遊び　58

　第2節　子どもの育ちと生活や遊びの環境　59

　　1．障がいのある子どもの保育環境　59／2．環境の整理　60／3．子ども主体の保育環境　60

　第3節　子どもたちの遊びの実践　62

　　1．遊びの設定・展開の留意点　62／2．遊びの展開の事例①〜駐車場の車種唱え　63／3．遊びの展開の事例②〜ペットボトル　64

第8章　子ども同士のかかわり合いと育ち合い ……………………………… 65

　第1節　障がい児と健常児の育ち合いの大切さ　65

　第2節　各年齢における障がい児と健常児のかかわり合い　66

　　1．おおむね0-1歳　66／2．おおむね2-3歳　66／3．おおむね4-5歳　67

　第3節　かかわり合い・育ち合いのための保育者の役割　68

　　1．コミュニケーションをうながす　68／2．かかわり方のモデルを示す　69／3．相互に理解し合う　69

第9章　職員の協働 ……………………………………………………………… 73

　第1節　チームワーク　73

　　1．チームワークの必要性　73／2．多様な保育者によるチームワーク　74

　第2節　ケース会議とスーパービジョン　75

　　1．ケース会議　75／2．スーパービジョン　75

　第3節　研修の必要性　76

1．学び合う環境づくり　76／2．園内研究と専門性の向上　77

第10章　保護者や家族に対する理解と支援 …………………………… 79
第1節　保護者支援の必要性　79
第2節　障がいの受容　80
第3節　保護者や家族の心に寄り添う支援　83

1．信頼関係の形成　83／2．保育所の特性の活用　83／3．子どもの最善の利益への配慮　84

第11章　地域の専門機関等との連携および個別の支援計画の作成 … 87
第1節　保育所保育指針，幼稚園教育要領で述べられる専門機関との連携　87

1．「保育所保育指針」で述べられる専門機関との連携　87／2．「幼稚園教育要領」で述べられる専門機関との連携　88

第2節　特別支援学校のセンター的機能と2つの個別計画　88

1．特別支援学校とセンター的機能　88／2．個別の指導計画　89／3．個別の教育支援計画　90

第3節　さまざまな専門機関との連携　93

第12章　小学校等との連携 ……………………………………………… 97
第1節　特別支援教育と障がい児保育　97

1．両者のちがい　97／2．義務教育の学校の種類　98／3．お互いの仕事を知ることが重要　102

第2節　連携の仕方について　102

1．連携のための引き継ぎとは？　102／2．特別支援教育連携協議会のイメージ図　103／3．引継会の進め方　103／4．引き継ぎの注意点　105

第3節　連携上，気を付けるもうひとつのポイント　105

1．年齢や発達段階によってあらわれ方は異なることがある　105／2．園での特性が姿を変えて学校であらわれることもある　106／3．見通しをもって引き継ぐことの重要性　106

第13章　保健・医療における現状と課題 …………………………………109

第1節　保健機関の役割と現状　109

　1．母子保健制度の変遷とその役割　109／2．障がい児に関連する保健施策の現状　110／3．障がい児の就学支援　112

第2節　医療機関の役割と現状　113

　1．障がいの診断と告知　113／2．障がい児のリハビリテーション　113／3．医療的ケアの必要な子ども　114

第3節　保健・医療の課題　115

　1．連携および協働システムの構築　115／2．医療的ケアシステムの構築　115／3．専門家の育成　116

第14章　福祉・教育における現状と課題 …………………………………119

第1節　福祉における現状　119

　1．児童福祉法　119／2．障害者基本計画（第3次）　120／3．手当制度　122

第2節　教育における現状　122

　1．特別支援教育　122／2．「学校教育法」　122／3．「特別支援学校幼稚部教育要領」　123／4．行政の施策　123

第3節　福祉・教育における課題　124

　1．福祉における課題　124／2．教育における課題　125

第15章　支援の場の広がりとつながり ………………………………………127

第1節　支援の場の広がり　127

　1．さまざまな支援の場　128／2．地域での保育所の役割　129

第2節　地域ネットワーク〜支援のつながり〜　129

第3節　先進的取り組み　131

　1．大分県発達障がい支援ネットワーク　131／2．豊後大野子育て総合支援センター　132

索　引 ……………………………………………………………………………137

第1章 「障がい」の概念と障がい児保育の歴史的変遷

第1節 「障がい」と「障害」

 本書では，基本的に法律用語，行政用語は「障害」の「害」は漢字表記なので，そのまま使用（引用）している。たとえば，「障害者基本法」，「発達障害者支援法」，「障害者支援施設」などである。また，これに類する用語では，「知的障害児（者）基礎調査」，「国際障害分類」などもそのまま使用している。しかし，大きな流れとして「害」はひらがな表記の「がい」が使われ始めている。後述する各自治体の文書において「障がい」が使われる傾向にある。

 「障害」に似た表現として「障碍」がある。「障碍」は，もともと仏教用語で，明治時代までは「しょうげ」と読まれていた。「障碍」とは，「悪魔，怨霊などが邪魔すること。さわり。障害」の意味である。この「障碍」の「碍」は，「礙」の俗語であり「さまたげる」ことである。歴史的には，「障碍」は，平安末期から江戸時代にかけて使われていた。明治時代になってから，心身の障害という意味や障害物競走などの障壁，バリアという意味，つまり非常に広い意味で使われていた。戦後，「碍」が当用漢字からはずれたため，「障碍」はほとんど使われなくなった[1]。

 「障害」の表記の見直しの検討は，「障がい者制度改革推進会議（第26回）」における「『障害』の表記に関する検討結果について」（2010年11月22日）に

実施されている。

　研究者や障がい者団体からのヒアリング，文化審議会国語分科会漢字小委員会における議論をふまえて，「障害」の表記は，次の2点の配慮が必要と主張されている。

① 障害（者）の表記は，障害のある当事者（家族を含む）のアイデンティティと密接な関係があるので，当事者がどのような呼称や表記を望んでいるかに配慮すること

② 「障害」の表記を社会モデルの観点から検討していくに当たっては，障害者権利条約における障害者（persons with disabilities）の考え方，ICF（国際生活機能分類）の障害の概念，および障害学における表記に関する議論等との整合性に配慮すること[2]。

　このように，「障害」の表記の検討が進められているが，近年，多くの都道府県，自治体において「障害」，「障害者」を「障がい」，「障がいのある人」に改めている。たとえば，北海道では2006（平成18）年度に表記を改めているが，表記を変更しないものとして，次の4項目をあげている。①法令や条例等にもとづいた制度や施設名等の名称②組織名③事業等の固有名詞④医学用語など専門用語として漢字が適当な場合，である。また，大阪市は「『障害』から『障がい』への表記の変更について」（2012年7月25日）において，「障害」の表記は，今後「障がい」に表記を統一していくことに決定し，できるところから順次変更すると発表している。このように，「障害」を「障がい」に変更する理由としては，福島県は，「害」は，差別，偏見を助長する考えがあること，障がい者の人権を一番尊重するという観点から変更したと紹介されている。

　この「障害」の「害」を使った熟語には，たとえば，公害，水害，災害，害虫等々人びとにとってはよくないことをあらわしている。その言葉からうける一般的なイメージや印象がマイナスの要素があるならば，少しでも改善していくことが望まれる。ただ，前述の報告書にあるように根本的には障がいをもつ

当事者がその言葉をどううけとめるのかというアイデンティティにかかわっているといえる。

1773年，アメリカのオレゴン州で開催された知的障がいをもつ人たちの会議において，自分たちのことをどのようによばれたいかとの質問がなされた。そこで，当事者の女性が「私たちは，しょうがいしゃであるまえに人間である。」との答えを契機として生まれた「ピープルファースト」の言葉がある。国際的にも「ピープルファースト運動」として広まっているが，どちらにしても当事者自身の主張を基本としなくてはならない。「差し障りがあって，害のある人」ではなく，一人の障がいをもつ人間であるとの視点は堅持しなくてはならないだろう。

以上の動向をふまえ，本書では行政用語，法律用語等は「障害」を，それ以外の表記は「障がい」，「障がいがある人」等としている。

第2節　「障がい」の概念

1．わが国の「障がい者」の定義

わが国の障がい者の法律上の定義は，たとえば「障害者基本法」第2条において次のように規定されている。

「身体障害，知的障害，精神障害（発達障害を含む。）その他の心身の機能の障害（以下「障害」と総称する。）がある者であつて，障害及び社会的障壁により継続的に日常生活又は社会生活に相当な制限を受ける状態にあるものをいう。」

障がいの内容を列挙するとともに日常生活や社会生活に相当な制限をうける者を障がい者としている。

障がい児の場合は，「児童福祉法」第4条において，「障害児とは，身体に障害のある児童，知的障害のある児童，精神に障害のある児童（発達障害者支援法第2条第2項に規定する発達障害児を含む。）をいう」と規定している。18歳以下が児童である。

その他,「身体障害者福祉法」,「精神保健及び精神障害者福祉に関する法律」,「発達障害者支援法」において,身体障がい者,精神障がい者,発達障がい者の定義が規定される。なお,「知的障害者福祉法」では,知的障がい者の規定ではなく,「知的障害児（者）基礎調査」（厚生労働省）において,「知的機能障害が発達期（おおむね18歳まで）にあらわれ,日常生活に支障が生じているため,何らかの特別な援助を必要とする状態にある者」としている。

　また,「障害者の日常生活及び社会生活を総合的に支援するための法律（障害者総合支援法）」では,障がい者の範囲の見直しが行われ,障がい者の定義に難病が追加されている。

2．国際的な「障がい」の概念

　1980（昭和55）年,世界保健機関（WHO）は「国際障害分類」（ICIDH）を発表した。これは,障がいを①「機能・形態障害」,②「能力障害」,③「社会的不利」の3つの段階で説明する内容である。障がいを個人的問題ととらえるのではなく,障がい者本人をとりまく要因も含む障がいの構造モデルとして客観的にとらえる考え方である。

　たとえば,「機能・形態障害」とは,脳性まひや脳卒中などの病気から生じる言語障がいのことである。「能力障害」とは,手足の切断などで字が書けない,歩けないなどの生活上の能力が低下した状態である。また,「社会的不利」とは,能力障害のために,社会参加できなくなる,仕事ができなくなるなどのハンディをもってしまうことといえる。「国際障害分類」は,障がいの概念を国際的に共通認識できるようになったことで画期的な分類であった。

　しかし,「国際障害分類」には,①環境要因が入っていない,②マイナス面が強調されている,③「機能形態障害」があるため「能力障害」となり,そして「社会的不利」が生じるという一方向的な考え方であるなどの批判が生じてきた。

　そこで,世界保健機関は,2001（平成13）年,「国際生活機能分類（ICF）」を

第1章 「障がい」の概念と障がい児保育の歴史的変遷 5

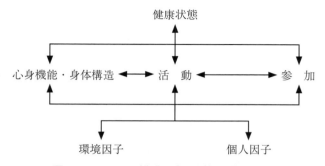

図1-1 ICFの構成要素間の相互作用の図

出所）国立特別支援教育総合研究所・世界保健機関（WHO）編著『ICF（国際生活機能分類）活用の試み』ジアース教育新社，2005年，p.7

発表した。「国際生活機能分類」では，人間の生活機能を①「心身機能・身体構造」，②「活動」，③「参加」の3つの次元に区分している。3つの次元を含めて，生命レベル，生活レベル，人生レベルの3つのレベルで生きていくことを総合的にとらえようとした点に特色をもつ。そして，すべて相互に関連しあっているとする相互作用モデルといえる。個人の因子と環境の因子も3つの次元に関連しあっているのである（図1-1参照）。

ICFの視点にもとづく特別支援学校に在籍する次のようなAくんの場合を考えてみよう。

- 脳性まひという診断をうけており，下肢に運動まひがある。
- 移動にはクラッチを使って歩いたり，車椅子を使用したりしている。
- 住民の転出入があまりない，比較的保守的な地域に3世代家族で住んでいる。
- 自宅からもっとも近いスーパーは，約50mのなだらかな坂を上がった所にある。
- 内向的な性格である。
- 近所のスーパーに買い物に行きたいが，行くことに心理的な抵抗がある。

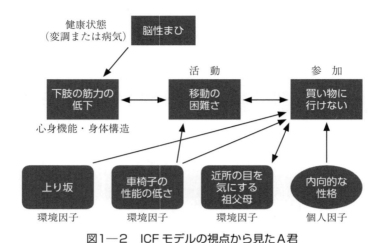

図1—2　ICFモデルの視点から見たA君

出所）国立特別支援教育総合研究所・世界保健機関（WHO）編著『ICF（国際生活機能分類）活用の試み』ジアース教育新社，2005年，p.84

ICFモデルの視点では次のようになる。

　A君は買い物に行きたいが，行くことができない。その原因としては，歩行等の本人の移動の難しさの他に，坂道そのものの存在，現在使用している車椅子の性能，もともとの本人の内向的な性格等が考えられる。また，おじいちゃん，おばあちゃんが近所の人の目を気にして，A君を外に出したがらないという話も聞いたことがある。一方，買い物も含めてあまり外に出ないから，車椅子で移動する力もあまり伸びないし，近所の人たちと接する機会も減り，ますます外出しにくくなるのかもしれない[3]。

　図1-2にあるように，脳性まひという状態にあって，下肢の筋力低下（心身機能面），移動の困難さ（活動面），買い物に行けない（参加面）および環境因子（車椅子使用，祖父母，坂道），個人因子（性格）はすべて関連しあっていることがわかる。それぞれの環境因子，個人因子が支援していく際の目標となっている。このようにICFは子どもをとりまくいろいろな環境を含め生活全体を把握し，個人因子である子どもの特性をもふまえた理解ができることが大きな

特色である。

第3節　障がい児保育の歴史的変遷

1．障がい児保育の動向

障がい児に対しての保育全体の流れは，① 保育（教育）の対象となっていなかった時期 ② 先駆的取り組みで障がい児を受け入れるようになった時期 ③ 制度化され，少しずつ改善されていった時期に区分される。障がい児を受け入れてからも分離保育から統合保育への動向もある。もちろん，特別支援学校（学級）や障がい児施設においても，特に障がいの重い子どもたちが療育，教育，保育されている現状もある。

障がい児が保育をうける場として，保育所，幼稚園，特別教育諸学校幼稚部（現，特別支援学校），療育施設などがあげられるが，本節では保育所を中心に障がい児保育の歴史を述べる。まず，戦前の2つの先駆的取り組みを紹介する。

2．戦前の取り組み

1936（昭和11）年，「保育問題研究会」が結成される。その設立趣意書には，「私達は幼児保育の理論的な問題，保健衛生，困った子供の問題，観察，言語教育，遊戯と作業等をひろく研究して，先ず幼児保育の日常困った問題を真に解決して，新しい保育の体系を立ててゆきたい」とある。この「困った子供」に障がい児が含まれる。

そして，わが国における最初の知的障がい児保育の研究機関である「愛育研究所異常児保育室」が1938（昭和13）年開設される。異常児保育室では13人の障がい幼児が入所し，指導をうけた。集団，遊び，作業，生活の4つの柱によって保育がなされている。

3．1960年代での取り組み

　一方，1960年代は，幼稚園において先駆的な障がい児保育が実施されている。列挙すれば，以下のようである。

　1962（昭和37）年，発達遅滞の障がい幼児のみを対象とした「いずみの園」（北九州市），1966（昭和41）年，「杉並教会幼稚園」（東京）での障がい児の受け入れ，1968（昭和43）年，「高槻市教育研究所」（大阪）に障がい幼児のための「うの花学級」の開設，1969（昭和44）年，「浄恩幼稚園」（北海道）に障がい児のための学級の設置など。

　また，1963（昭和38）年，中央児童福祉審議会での「保育に欠ける状況」の定義がみなおされ，「心身に障害のある子どもも含めるように」（中間報告）の提言がなされる。そして，1964（昭和39）年の第二次中間報告では，「保育に欠けるという理由で入所する子どものなかには軽度の心身障害児のいることは避けられない。これらの子どものためには治療的な指導を行うことのできる特別保育所を設置するよう検討する必要がある」とされた。対象が，軽度の障がい児であり，分離保育の考え方であるといえる。

　1960年代後半は，障がい児教育権保障運動が全国的に展開される時期である。これは，1967（昭和42）年の「全国障害者問題研究会」の発足，1969（昭和44）年の「全国民間保育団体合同研究会」の結成等によって，障がい児保育の制度化への推進の力となっている。

　それらの社会的動向を背景として，1972（昭和47）年，厚生省は中央児童福祉審議会の意見具申をうけ，「心身障害児通園事業実施要綱」を通知している。また，1973（昭和48）年，中央児童福祉審議会の「今後における児童及び精神薄弱者の福祉に関する総合的，基本的施策」（中間答申）である「当面推進すべき児童福祉施策について」（中間答申）では，以下のように述べられている。

　障がいをもつ「対象児の種類及び程度について慎重に検討し，さしあたり，障害の種類を限定的に考え，一般の児童とともに集団保育することにより，健

全な情緒・社会性等の成長発達を促進する可能性が大きく期待できる程度の障害児をまず保育所に受け入れて適切な保育を行う方策を具体化すべきであり，どの程度の障害児を受け入れ得るかについても今後検討を進めるべきである。」としている。

また，本答申では，「（前略）障害の種類と程度によっては障害児を一般の児童から隔絶することなく社会の一員として，むしろ一般の児童とともに保育することによって障害児自身の発達が促進される面が多く，また，一般の児童も障害児と接触する中で，障害児に対する理解を深めることによって人間として成長する可能性が増し」[4]ていくと述べ，統合保育の必要性を指導している。

4．1970年代での取り組み

このように1960年代後半以降，障がい児をもつ父母，保育者，教育者たちの共同的取り組みによって障がい児保育は進展することになる。特に父母たちが子どもを地域の保育所や幼稚園に通わせたいと願い，その運動（ソーシャルアクション）によって先駆的に取り組みがなされていくようになる。

たとえば，1973（昭和48）年「障害乳幼児対策1974大津方式」が発達保障の理念によってはじめられている。これは滋賀県大津市において，障がい児を先駆的に受け入れていた私立保育所の存在，地域の保健師による障がい児の親子教室の活動，「近江学園」による発達保障理念の実践等が「共に生きる」活動へと結実したことが社会的背景にある。この大津方式での特色は，①当初から対象児の障がい程度や種別の制限がかかったこと ②障がい児をもつ親には基本的に就労条件の制限を設けなかったことである。

1974（昭和49）年，厚生省は「障害児保育実施要綱」を定め，全国的に保育所での障がい児保育を実施することになった。対象児は，おおむね4歳以上の原則として障がい程度が軽く，集団保育が可能で毎日通所できる子どもである。ひとつの保育所で原則として保母2名を増員するとも述べられている。

また，同年文部省は「心身障害児幼稚園補助金交付要綱」（公立幼稚園）と

「私立幼稚園特殊教員費国庫補助金」を設けて，幼稚園における障がい児の受け入れに対して補助金を出すようになった。障がい児を 10 人以上，継続的に受け入れている私立幼稚園には補助金を支給している。

「障害児保育事業実施要綱」は 1978（昭和 53）年に廃止され，「障害児の受け入れについて」（通知）が出される。本通知の特色は，① 対象を保育所で行う保育になじむものにしたこと ② 年齢制限をなくしたこと ③ 一般的に中程度までの障がい児としたこと ④ 受け入れは，「それぞれの保育所において集団保育が適切にできる範囲の人数」としたことがあげられる。[5]

5．現代の取り組み

1989（平成元）年度からは，国の特別保育のなかの「障害児保育事業」として位置付けられ，1998（平成 10）年度から 2002（平成 14）年度までは「障害児保育対策事業実施要綱」にもとづき実施された。そして，2003（平成 15）年度からは本事業の経費は補助金制度から一般財源措置化されて，厚生労働省は「『特別保育事業の実施について』の取り扱いについて」において市町村に対し円滑に実施されるよう配慮する通知を出している。そのため，市町村では，引き続き積極的に障がい児の受け入れがなされている。

その後，厚生労働省「保育対策等促進事業の実施について」（2000 年通知，2008 年廃止）もあったが，あらためて，2014（平成 26）年に同様の通知を施行している。次第に障がい児保育を実施する場も増え，2012（平成 24）年度では，7,399 カ所，11,264 人の障がい児が受け入れられている。なお，この児童数は特別児童扶養手当支給対象児数である。

注

1）「『障害』の表記に関する検討結果について」障がい者制度改革推進会議資料，2010 年，p. 12
2）小川喜道ほか編著『よくわかる障害学』ミネルヴァ書房，2014 年，p. 19
3）国立特殊教育総合研究所・世界保健機関（WHO）編著『ICF（国際生活機能

分類）活用の試み』ジアース教育新社，2005 年，pp. 83-84
 4）中央児童福祉審議会「当面推進すべき児童福祉対策について」『日本社会保障資料』厚生省，1973 年
 5）「障害児の受け入れについて」厚生省，1973 年

参考文献

上田敏『ICF の理解と活用』萌文社，2005 年
尾崎康子ほか編『よくわかる障害児保育』ミネルヴァ書房，2010 年
国立特殊教育総合研究所・世界保健機関（WHO）編著『ICF（国際生活機能分類）活用の試み』ジアース教育新社，2005 年
堀智晴ほか編著『ソーシャルインクルージョンのための障害児保育』ミネルヴァ書房，2014 年
待井和江先生古稀記念論文集編集委員会編『障害児保育論』全国社会福祉協議会，1988 年

第2章

障がい児保育の基本

第1節　人間のための保育

　障がいをもつ子どもの教育の目的が,「社会への適応」を第一義的な目的として掲げられていた時代があった。たとえば,1947（昭和22）年に設立され日本の知的障がい児教育で全国に大きな影響を与えた品川区立大崎中学校分教場（現在の東京都立青鳥特別支援学校）では,学校工場方式とよばれる社会への「有用な人材」「よりよい職業人」の育成を目的とした実践が行われていた。これは小学校以降の学校現場での話であり,保育の現場ではさすがに「よりよい職業人」の育成を掲げることはほとんど無いであろう。しかしこのような過去から,私たちは根幹的な認識について注意しなければならない。

　誰のための保育なのか。

　上記の発想は,社会にとって役に立つ人材をつくるという,国家・社会のための教育という発想が根幹にある。「学校工場方式」とは,学校を工場にたとえ,入学前の子どもを「材料」にたとえ,そして学校（工場）を卒業（出荷）する時には,社会にとって有用な人材となることを目指した。このような発想が保育の現場でありはしないか。つまり入園前の子どもを,幼稚園や保育園にいる間に,大人にとって都合のよい子どもや大人が外から既決した「よい子」に作り上げて卒園させるという発想がありはしないだろうか。

保育は，あくまでも「人間のための保育」であり，「人材」としてのヒトを作りあげることではない。子ども自身が，よくなりたい，成長したいという内面的な働きを活性化させ，内から育っていくことを助けることが保育である。現代では国が示す「保育所保育指針」や「幼稚園教育要領」にも，環境（物的環境，自然環境，人的環境）との関わりを通して子どもは発達していくという考え方が明記されている。子どもが環境に一方的に合わせていくというものではなく，環境との相互作用のなかで育っていくという意味である。

　この子どもと環境が関わりながら，その相互性のなかから新たな世界が生まれていくという考え方は，保育という活動が実に創造的な活動であるということを意味している。しかし，そのような創造的なことは高度なことで，障がいをもった子どもたちには無理であると思い込み，保育者側が既決した「よいこと」を覚えさせ，その徹底をはかることこそがよい保育であるという考え方や実践を目にすることがある。

　しかし，そこには2つの大きな問題がある。まずは，どんな重度の障がいをもった子どもたちも「人間」であり，内面を無視されて外側からのみ「操作される」対象であってはならないという人権的な問題である。もうひとつは，発達するということは人間のもっている主体的な働きにほかならず，その発達を支援することが保育・教育活動であるならば，その発達の過程を丁寧に読み取ることが必要不可欠ということである。それを無視した関わりはあってはならないという発達支援という観点からの問題がある。

　どのような障がいをもっている子どもも発達しようとする。そして，その発達の過程をしっかりと読み取るということは，一人ひとりの子どもの「感じ方」「わかり具合」や「困り感」を読み取るということである。そのために，障がいの特性理解が必要となるケースが多いだろう。第3章以降の障がい特性についての理解は保育者にとって必要不可欠であるとともに，何のためにその理解が必要であるのかをまずはしっかりとおさえておいてほしい。大人が子どもを思い通りに動かすために，障がい特性に応じた「わかりやすい」状況を作

り出すのではない。子どもが人生の主人公としてしっかりと悩み葛藤し，自己決定をしていくための援助として，障がい特性をふまえて「わかりやすい」状況や「落ち着きやすい」環境を作っていくのである。

第2節　子どもの「困り感」「わかり」を読み取る

　一人ひとりの子どもの内面にある「感じ方」「わかり具合」や「困り感」を読み取ると前述したが，まずはここで「わかる」という事象について解説しておきたい。「覚える」ということと「わかる」ということはどう違うのか。

　子どもは自分なりに「わかろう」とする。障がいをもっていても然りである。アインシュタイン博士や発明王エジソンなど，自分なりの「わかり」をとことん追求する力に優れた人のなかには発達障がいをもっていた人がいることが知られている。

　「わかる」とはどういうことであろうか。

　たとえば，13－8という簡単な引き算を出して，学生に「頭のなかでどうやったの？」と質問をする。するとおよそ次のような答えが返ってくる。①「13個あるものから8をとった」②「8から10まで行って，10から3まで行く。だから頭のなかでは2＋3をやっている」③「とりあえず13から18まで行って，18－8で10をつくる。そして13から18まで行く時に足した5を後から引く。10－5で5」等々，少し尋ねただけで色んな回答が出てくる。友達の考えに「えーっ，そんなことやってるのー！」と歓声があがる場合もある。同じ結論になっていても，個々人の頭のなかの「わかり方」は違うのである。同じように6÷2という割り算を尋ねると，① 6を2つに分けると3つずつになる ② 6を2ずつに分けると3つのグループができる，という「わかり方」にわかれる。その後に分数の割り算について質問をしてみる。「$3 \div \frac{1}{2} = 6$，これは頭のなかで何をしている？」。するととたんに静かになってしまう。唯一「分母と分子を逆にして掛け算をするって教わったから」という返事が返って

くる。これは，分数の割り算の意味が「わかっていない」ということである。正しいやり方を「覚えているだけ」である。

　保育者を目指す者自身が「わかる」ということをあまり実感した経験がないままに，「とりあえずいわれたことを覚えておく」ことを学ぶということと同義として理解していたら，子どもの内面の「わかり」を読み取って，それを膨らましたり深める援助をするということはきわめて難しいだろう。よって，子どもの内面の「わかり」を探れる保育者になるためには，自分自身が「わかる」という体験をしっかりと積むことが前提条件として必要である。先程の分数の割り算の例では，ヒントとして「6÷2の考え方の，6のなかに2がいくつあるかと考える②の考え方に注目してごらん」と助言をすると気がつく学生が出てくる。

　高等教育機関において保育者を目指すのであれば，そこでの授業内容について「覚える」のみではなく，自分なりに「わかろう」という姿勢をもって学んで欲しい。そのような姿勢と経験こそが，子どもの「わかり」を読み取り，それに寄り添いながらその「わかり」がどのような事象とつながりそうかを創造していく能力の基盤的資質となるからである。

　ある幼稚園児の事例を記す。

　雨上がりの園庭で，自分の運動靴に泥水を入れたA君は「先生！　見て！　すごいでしょ！」と嬉しそうな顔で先生のところに駆け寄ってきた。するとB先生は「A君，何やってるの，だめでしょ。靴のなかに泥水なんか入れて！」と厳しく叱った。A君は「違うの，違うの，先生，あのね…」というが，B先生は「違くないでしょ！　ダメでしょ！」ととりあわなかった。A君は家でその話を両親にしたところ，A君の頭のなかでは次のようなことが「すごいこと」として認識されていたのだった。「運動靴を履いて水たまりのなかを歩くと，水が靴のなかに浸み込んで入ってくる。しかし同じ靴のなかに水を入れても，水は靴の外に出てこない。これは不思議だ。すごいことを発見した」と。新しいことを発見した感動を先生と共有したいと思って，さらにはなぜそのような

ことが起こるのかをわかりたいという知的好奇心から,「先生！ 見て！」と先生に駆け寄ったのである。

　後日，保護者面談の際にそのことを伝えようとした保護者であったが，その話を切り出す前にB先生から「A君は善悪の区別がついていません」とはっきりとした口調でいわれ，保護者は返す言葉も失い，年度途中で転園することにした。その後の転園先では，A君の「わかり」を丁寧に聞いてくれる先生に出会い，自分の考えを組み立てる力を高め，さらにはそれを伝えたいという意欲を継続的にもてたことから，言葉の発達も伸びていった。

　「子どもの内面に耳を傾ける」。これは保育の原理原則であるが，障がいをもっているがゆえに，その内面の読み取りが難しいこともある。問題行動の行動面ばかりに目がいってしまいがちである。しかし，その問題行動のなかに秘められている言葉にならない言葉を，その子どもの「わかり具合」「感じ方」「困り感」として読み取る努力をしなければならない。

　もうひとつ事例をあげる。自閉症のC君は偏食の激しい子どもであった。その保育園では，とにかく食べなさいと強要することをしっかりとした指導と捉えていた。現在では自閉症は生まれながらの脳機能障がいであり，感覚過敏もそれに起因するもので，感覚脳とよばれる大脳辺縁系が関わっていることが指摘されている。よって食べられない原因も，味覚の過敏，触覚（食べるという行為においては食感）の過敏が原因になっている場合もある。また，高機能自閉症の人への聞き取りや著書などから「とても食べ物とは思えないから食べられない」場合等もあることが明らかになってきた。よって偏食にどう対応するかを考える際にするべき最初のことは，「なぜ食べられないのか」を読み取ることである。

　しかし，そのようなことは一切考えずにとにかく食べさせる（口のなかに入れ，それを飲み込ませる）という行為のみに着目し，そのために圧力をかけ続けるという実践が行われていた。その結果，C君は何でも食べられるようになった。保育園では「子どもに流されずにしっかりとした指導を全員で徹底した結

果」と捉えていた。

　しかし，その圧力をかける保育者が見ていないところで，指を口のなかに突っ込んで吐こうとするようにもなった。そしてある日，シジミの味噌汁が出た時のことである。Ｃ君は平然とした無表情で，シジミの殻もバリバリと噛み砕き飲み込んでしまった。つまりＣ君は食事に対して「味わう」ということを諦めた状態になっていたのである。「味わう」「楽しむ」ということを，食事という行為からは完全に諦めていたのである。それが，圧力をかけ続けることにより「何でもよく食べるようになったよい子のＣ君」の本当の姿だった。

第３節　子どもの世界を否定するのではなく，子どもの世界が膨らむ援助を

　子どもの「困り感」や「わかり」を読み取ったらどうすればよいのか。その子どもの世界とつながるきっかけとなるような遊び等を探す努力が必要である。しかし，そのような事柄がすぐに見つからない場合もあろう。そのような場合は，その子どもの世界を否定して新しい世界へ引っ張っていこうとするのではなく，保育者がその子どもの世界に入っていくという感覚で関わることが重要である。子どもの世界の方に保育者が入っていくことで，その世界は内から変容していく可能性が高まる。

　たとえば，石を丸く並べる行為ばかりしているＤ君がいた。違う遊びに誘っても上手くいかなかった。そこで，保育者が一緒に石並べをすると，それまでは石を自分で探して並べていたＤ君が，保育者の手から石をとって並べるということをはじめたのである。それまで一人だけで遊んでいたＤ君にとっては，共同作業ができたという意味で，小さな一歩に見えるかもしれないが着実な前進である。さらにそのような行為を繰り返していくうちにＥ先生との間に，一緒に石並べを楽しむ仲間という共感的な関係が出来上がっていった。するとＥ先生が石を並べることも受け入れるようになり，Ｅ先生と順番に石を並べるう

ちに楕円形に並べることも落ち着いて受け入れていった。そしてその後，楕円のみならず色々な形に並べることや，並べるものが石ではなくても楽しめるようになっていった。

　さまざまな障がいゆえに，それまでの自己の世界から離れた別の世界に足を踏み出すことにとても大きな不安をもっている場合がある。幼年期の自分の世界を拠り所にして少しずつ世界を広げていくことが自信となり，学童期以降に新しい世界に足を踏み出す際の勇気の土台となる。小さな一歩でも着実に歩んだ過程は，一過性のものにはなりにくく剥がれにくい。目に見える成果に振りまわされることなく，着実な小さな一歩を丁寧に進んでいくことこそが，将来の自信につながる。それを保育者は強く認識しなければならない。

参考文献

栗山宣夫「知的障碍をもつ子どもの『葛藤』を援助するということ」臨床教育人間学会編『臨床教育人間学4』東信堂，2011年
佐伯胖『「わかる」ということの意味』岩波書店，1995年
全国病弱教育研究会『病気の子どもの教育入門』クリエイツかもがわ，2013年
平野朝久編著『続　はじめに子どもありき—基本原理と実践—』学芸図書，2013年
三木裕和『希望でみちびく科学—障害児教育ホントのねうち—』クリエイツかもがわ，2013年

第3章 肢体不自由児と視覚・聴覚障がい児の理解と支援

第1節 肢体不自由児の理解と支援

1. 肢体不自由児とは

　発生原因が何であれ，身体の動きに関する器官がけがや病気等で損なわれたために，歩行や筆記等の日常生活動作に困難をきたし，永続的な障がいが四肢体幹に認められるものを「肢体不自由」という。肢体とは，体幹および四肢を指す。体幹とは，内臓は含まず胴体を指し，四肢とは上肢（腕から手指の先まで）2本と下肢（脚から足指の先まで）2本を併せた4本を指している。

(1) 障がいの原因と種類

　1）脳性まひ

　肢体不自由児は脳性疾患が占める割合が高い。脳性疾患のなかでもっとも多いものが脳性まひである。「脳性まひ」の定義としては「受胎から新生児期までに非進行性の病変が脳に発生し，その結果，永続的なしかし変化しうる運動および姿勢の異常である。ただ，その症状は2歳までに発現する。進行性疾患や一過性運動障害または将来正常化するであろう運動発達遅延は除外する（1968年厚生省脳性麻痺研究班会議）」が一般的である。2004年の脳性まひの定義と分類に関する国際ワークショップ（於アメリカ）で設定された定義は「脳性まひは運動と姿勢の発達の永続的な異常であり，その結果活動に制限をきたす

ようになる。その原因は発達途上の胎児や乳児の脳に生じた非進行性の障害による。脳性まひの運動障害はしばしば感覚，認知，コミュニケーション，知覚，行動の障害やてんかん，二次的な筋骨格系の問題を伴う」とした。感覚や認知の面での弱さが，障がいに含まれることが示された。

　脳性まひは肢体不自由のみの単一障がいは少なく，知的障がい，てんかん，視覚障がい，言語障がいなどの障がいを併せ有する「重複障がい」が多い。脳性まひには，①痙直型（知的障がい，てんかん，視覚障がい，言語障がいなどが随伴することがある。知的発達の遅れに留意した支援が必要となる），②アテトーゼ型（知能の高い者がしばしば見受けられる。構音障がいがあるために表出言語は聞き取りにくい場合があり，しばしば難聴を伴う。コミュニケーションの支援が必要となる）などがある。

2）脊髄の損傷による運動障がい

　先天的な疾患または後天的な事故等により，脊髄の損傷に起因する運動まひや感覚まひを発症する。脊髄の損傷部位によっては，排尿・排便の随意的なコントロール機能もまひする。「二分脊椎」は，脊髄の損傷による障がいである。

3）筋ジストロフィー

　遺伝性の疾患で，筋肉が徐々に壊れて弱っていくため，心臓の筋肉も次第に衰えていく。呼吸器系，循環器系の配慮も必要になる。筋ジストロフィーには，①進行性筋ジストロフィー・デュシェンヌ型（身体の末端から中心部に向けて筋肉のまひが進行する。原因遺伝子は究明されたが，現状では有効な予防策がない），②先天性筋ジストロフィー・福山型（4～8歳ごろから筋萎縮や筋力の低下が少しずつ進行する。知的障がいも併せ有する）がある。

2．肢体不自由児の保育・教育と支援

　乳幼児期に，身体が思うように動かない場合，ボディイメージが育たなかったり，意欲的に身体を動かそうという思いがなくなったりして，さらに運動機能の発達が阻害されることが懸念される。知的には問題がなくても，構音障が

第3章　肢体不自由児と視覚・聴覚障がい児の理解と支援　23

写真3—1　触れるごとにメッセージが順番に再生される　　写真3—2　キーボードを押して，声で伝える

出所）写真3-1，3-2共にパシフィックサプライ www.p-supply.co.jp/

いのためにうまく発音できなかったり，言葉がなかなか出てこなかったりするため，実際の脳力より低く見られてしまう場合もある。

　日常生活で経験する困難や制限から，自分でやろうとする意欲を損なってしまったり，自己受容の気持ちがもてなかったりする場合がある。特に，コミュニケーション手段が確立されていないと，自分の意思が伝えられないことによる自尊感情の低下が懸念される。できることを大切にし，子どもの能力を活かす支援が必要である。マカトン法によるサインや，コミュニケーション補助機器（コミュニケーションエイド（VOCA）：必要な会話を音声で録音し，軽いスイッチ・タッチで音声を再生する。文字キーボードを押すと音声が出て文字綴りが表示される）等によるコミュニケーションを図る工夫をしたい（写真3-1，3-2）。日常生活動作では，子どもの握りやすいスプーンを工夫したり，口まで運ぶ動作を教えたりして「自分でできる」という気持ちを育てていく。また遊びをとおして，座位の保持に必要な筋力をつける，目と手の協応性を身につけていくなど，子どもの機能改善や機能獲得に役立つことを発達段階に応じて提供したい。また，子どもたちのほとんどは，病院や施設で理学療法・作業療法などのリハビリをうけている。保育所訪問事業が2012年4月から開始されたが，まだ充分には機能していない。保育者は，日常的に保育のなかで悩んでいることを専門家にアドバイスしてもらえるように，保護者をとおして理学療法士（PT）や作業療法士（OT）に相談するなどして専門職と連携を図りたい。

就学先を決める時期，子どもの障がいの実態や教育的に必要な支援の状況，保護者および本人の気持ち，家庭環境や将来の進路などを考慮して，教育の場（特別支援学校（肢体不自由）・肢体不自由特別支援学級・通級による指導（肢体不自由）・通常の学級における指導）へのアドバイスができるようにしたい。

第2節　視覚障がい児の理解と支援

1．視覚障がい児とは

　視覚障がいとは，視力，視野，色覚や光の程度を感じ取る順応，両眼視，調節，眼球運動などの機能に何らかの障がいが生じ，視機能の永続的な低下により，学習や生活に支障がある状態を指す。学習では，動作の模倣や文字の読み書き，事物の確認等における困難，生活では，移動やコミュニケーションの際に相手の表情がわからない等の困難が生じる。

(1)　視覚障がいの分類と原因疾患

　1）「盲」と「弱視」

　視覚障がいは，「盲」と「弱視」に大別される。一般に，盲とは，視覚の活用が困難で，学習には点字を用い，聴覚および触覚等の視覚以外の感覚からの情報を活用した学習を行う必要がある状態を指す。弱視とは，眼鏡などで矯正しても視力が0.3未満で，文字の拡大や環境の工夫によって視覚情報を活用して日常生活の活動ができる状態を指す。見える範囲が制限をうける視野障がいを併せ有する場合が多いので，個々の見え方に配慮する必要がある。

　2）眼球のしくみと原因疾患

　目（眼球）の構造は図3-1のようになっている。視覚障がいは，眼球および視路（視神経から大脳視覚中枢までを含む）で構成される視覚機構のいずれかの部分の障がいによっておきる。眼球は，カメラにたとえられる。角膜と水晶体は透明で光線を屈折し，カメラのレンズの役割を果たしている。網膜はフィルムに相当し，ピント合わせは，毛様体筋およびチン小帯の働きで，水晶体の弾

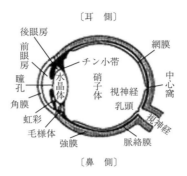

図3－1　目（眼球）の水平断面図

出所）石部元雄・柳本雄次『特別支援教育』福村出版，2011年，p.134

性により屈折力が変化して行われ，カメラの絞りの役割は，虹彩により瞳孔径が大きくなったり小さくなったりする働きに相当する。学齢児にみられる視覚障がいの主な原因疾患としては，小眼球，先天白内障，先天緑内障，視神経萎縮，網膜色素変性，網膜黄斑変性，網膜芽細胞腫，未熟児網膜症，強度近視などがある。

2．視覚障がい児への支援

　視覚障がい児は，視覚的な情報が十分得られないため，日常生活や学習においてさまざまな支障や困難を伴う。周囲の環境が把握しにくいために，自発的な行動が制限され自分から遊ぼうとしなかったり，視覚情報が得られず意味を十分理解できないままにその言葉を覚えてしまったりする場合がある。特に日常生活動作や運動などの動作全般にわたって，見て模倣ができないため，その動作や技術の習得には適切な支援や配慮が必要となる。また乳児期に，遠くにある玩具や人を見つけてはいはいして行くなど自発的な移動や運動が少なくなるために運動量が不足し，身体発達や運動発達に遅れが生じる場合がある。視覚に障がいのある乳幼児に適した環境の設定や指導方法を工夫し，安全な場で自分から積極的に体を動かし，いろいろな運動の楽しさを知って活発に活動で

写真3—3　拡大読書器　　　　　　　　写真3—4　弱視レンズ（遠用）
出所）日本テレソフト　　　　　　　　　　出所）茨城県立盲学校HP

きるようにしたい。さらに，周囲の大人や友達とのかかわり方を知り，状況に応じて人びとに働きかけることができるように支援したい。視覚が活用できる乳幼児には，ものの形態や細部の様子，その違いに気づくことにより，積極的に見ようとする態度と遊具や用具の使用などを通した目と手の協応動作，豊かな視覚的経験を育むことが大切である。

　視覚障がい児の支援にとって，もっとも重要なのは，視覚的な情報をできる限り保障することである。弱視児の場合は，視覚の活用能力を高める支援として，個々の子どもの見え方に応じた見やすい条件を以下のように整えていく。①「拡大読書器」（写真3-3）や「弱視レンズ」（写真3-4）などの機器を使って，小さいものや細かい部分を大きく見やすくする。②余分な情報をカットし，見せたいところだけを強調する。③見せたいものは，境界や輪郭をはっきりさせてコントラストを強調する。④全体像をとらえやくするするために，全体を縮小して全体を視野内に入れ，全体と部分の関係をつかむことができるようにする。⑤目に入る光の量を加減することは難しいので，部屋の明るさ調整を行う。

　触覚や聴覚を活用して概念形成を促進するためには，意図的に触覚活用能力を高めるよう支援する必要がある。触って遊べるおもちゃや絵本などで，触覚

を楽しむことができる環境を整備することにより，触覚を用いて意欲的に情報を収集する姿勢を育む。「同じ―違う」「ゴツゴツ（堅い）―フワフワ（柔らかい）」「すべすべ―ざらざら」などの触覚情報を区別・分類する弁別能力と語彙を獲得できるようにする。また自分の体を基準に，上下前後左右の空間関係を理解できるように，手を動かして「手前」「向こう」「右」「左」などの位置関係や空間のイメージがもてるように支援していく。

基本的な生活習慣を育てるためには，下駄箱などに触ってわかる印を付けて自分で確認できるようにする。着替えなどは，服のどの部分をもてば裏返しにならずに脱げるか，着る時にはどの部分で裏表や前後を確認すればよいかなどの手がかりを教えるようにするなどの工夫が必要である。

第3節　聴覚障がい児の理解と支援

1．聴覚障がい児とは

聴覚は，ことばの獲得や言語発達およびコミュニケーションの発達に大きな役割を担っている。聴覚の障がいは，ことばを理解することや表出言語における障がい，コミュニケーションの障がいを引き起こす場合がある。早期に障がいを発見し，補聴器や人工内耳などで音声言語を育てる手立てが必要である。聴覚器官である耳の構造は，複雑で精巧である（図3-2）。

(1)　聞こえのしくみと障がいの原因

音は，外耳道を通って鼓膜にぶつかり，その振動エネルギーは，鼓膜の内側の耳小骨（ツチ骨・キヌタ骨・アブミ骨）に伝わり増幅され内耳に伝わる。内耳（蝸牛（かぎゅう））は，リンパ液で満たされているので，この波動が感覚細胞を刺激し，電気的信号を生じ聴神経を通して脳に伝えられる。これらの経路のどこかに異常があると，聴こえに何らかの困難をきたす。

聴覚障がいは，遺伝によるものと胎児期および周産期（周生期）に発生するものがある。胎児期の原因には，母親が妊娠初期に風疹（ふうしん）にかかる

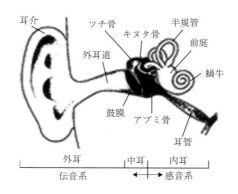

図3−2　耳の構造
出所）我妻敏博『改訂版聴覚障害児の言語指導』田研出版，2011年，p.6

こと，薬物の副作用，栄養障がい，妊娠中毒症などがあげられる。出産直後の周産期の異常としては，極度の難産，出生時の仮死状態，未熟児などがある。障がいの程度は，聴こえの程度により「軽度難聴」，「中等度難聴」，「高度難聴」および「最重度難聴」に分けられる。また聴覚障がいには，「伝音性難聴」（耳介や外耳道，中耳に問題がある），「感音性難聴」（内耳以降の神経系に問題がある），「混合性難聴」（伝音性難聴と感音性難聴が混じっている）の3つのタイプがある。

　子どもは，さまざまな経験をする際に，音や音声を聞くことによって，音の意味を知り，聞く気持ちが深まり，ことばを聞き分ける能力を身につけていく。しかし，言語獲得（3歳）以前に失聴した子どもは，母親（養育者）との関係を築く際に多くの制約をうける可能性が高く，コミュニケーションの基礎作りに影響を及ぼすことがある。言語発達に課題をかかえる聴覚障がい児は多い。言語能力は，① 聴力の程度，② 知能，③ 聴覚活用の程度，④ 失聴の時期，⑤ 保護者への支援・指導による家庭環境等，さまざまな要因によって個人差がある。

(2) 聴覚補償

　聴覚補償としては，補聴器や人工内耳がある。補聴器は，近年デジタル補聴器が一般的になり，性能も良くなっている。人工内耳は，補聴器の装用効果が得られにくい高度感音性難聴者を対象に開発された医療機器である。人工内耳は，手術によって頭蓋に埋め込まれた部分と身体の外にあって装着する部分からなり，体外の装置は発信装置，マイク，スピーチプロセッサで構成されている。マイクで音をうけ，プロセッサで音響分析して電気信号に置き換え，発信装置から頭皮内部の受信機に発信するしくみである。受信装置で受信した電気信号は，内耳に入れられた線の電極から直接聴神経を刺激し，脳は音を感知している。

　補聴器も人工内耳も，装用すれば聞き取りがすぐに改善されるわけではない。特に，人工内耳は，手術後にマッピング（どの音をどの程度聞かせるか）を行う。保護者・保育者の生活場面での聞こえの観察が，マッピングの調整には重要である。

2．聴覚障がい児への支援

　近年，医療機器の進歩や産院の「新生児聴覚スクリーニング検査」の普及により，障がいの有無を早期に診断できるようになった。聴覚障がい児の場合，乳幼児期の最早期教育が重要である。特別支援学校（ろう学校）では，教育相談という形で，幼稚部入学以前の1〜2歳の幼児に対する指導が実施されている。家庭や保育園，幼稚園の場で，人間としての基本的な発達に必要なさまざまな刺激を豊かに自然に与えることができるように配慮するためである。また子どもの聴力の程度に応じた補聴器等を選択し，調整することや，それらに慣れて，自ら聞く気持ちをもたせるようにすること，補聴器の電池が切れたら大人に知らせる，補聴器を大切に扱うなど，日常生活で次第に自分が管理できるよう家庭と協力していくことが大切である。

　聴覚障がい児・者のコミュニケーションの形態は，近年多様化してきた。聴

覚に障がいがあれば「手話」と決めつけることは避けたい。難聴の場合は，補聴器を活用して音声言語を理解し，音声言語で会話をすることも可能である。補聴器を活用しても，音や音声を聞き分けることが難しい場合，聴力が厳しい「ろう」と表現するが，「ろう」であっても口の動きを見て話を理解する「読話」訓練によって音声言語を理解することができる。また，発音指導によって，ある程度の発音で話すこともできる。聴覚障がい者にとって，社会で生きていくためには，情報を多くえることができ，また自分の意見や思いを表現するために文字が重要となる。音韻意識を獲得し書記日本語を習得することは，聴覚障がい児の教育にとって大切な目標である。一方，ろう者のアイデンティティーや自己実現，ろう者の文化を尊重する立場から，聴覚障がい者にとって手話が母語であるという考え方も社会に浸透してきている。子どもが自分にとってわかりやすいコミュニケーション手段は何か，周囲の大人が見極め，子どもが必要とするときにさまざまな方法を提示していくことも大切である。

参考文献

我妻敏博『改訂版聴覚障害児の言語指導—実践のための基礎知識—』田研出版，2011年
石部元雄ほか編著『特別支援教育—理解と推進のために—改訂版』福村出版，2011年
伊藤健次編著『新・障害のある子どもの保育』みらい，2011年
岩井淳二ほか編著『幼稚園・保育所の先生のための障害児保育テキスト新訂版』教育出版，2011年
尾崎康子ほか編著『よくわかる障害児保育』ミネルヴァ書房，2013年
鯨岡峻編『障害児保育』ミネルヴァ書房，2013年
近藤直子ほか編著『保育者のためのテキスト障害児保育』全障研出版部，2013年
竹田契一監修『保育における特別支援』日本文化科学社，2012年
日本肢体不自由教育研究会監修『肢体不自由教育の基本とその展開』慶應義塾大学出版会，2007年
藤永保監修『障害児保育』萌文書林，2012年
文部科学省「障害のある児童生徒に対する早期からの一貫した支援について（通知）」教育支援資料，2013年

第4章 知的障がいの理解と支援

第1節　知的障がいの理解

1．知的障がいとは

　「知的障がい」という言葉は，平成11（1999）年の「精神薄弱の用語の整理のための関係法律の一部を改正する法律（平成10年9月28日法律第110号）」の施行に伴って変更された言葉である。以前は，「精神薄弱」という言葉が使われてきた。

　「知的障がいとは，記憶，推理，判断などの知的機能の発達に有意な遅れがみられ，社会生活などへの適応が難しい状態をいいます。」と文部科学省は定義している[1]。

　知的障がいの基準は，あきらかに平均IQよりも低く，個別の知能検査で概ねIQ（知能指数）70以下（検査の誤差もあるため幅はもたせている。）とされている。また，日常生活能力（自立機能，運動機能，コミュニケーション機能，探索操作，移動，生活文化，職業等）が同年齢に比べ総合的に遅れている。そして，概ね18歳までに発症していることとされている。

　ここで気をつけなければならないのは，IQだけが重視されるのではないということで，IQ70以下であっても日常生活において適応能力があれば知的障がいとよばない場合もあるということである。

2. 知的障がいの原因

知的障がいの原因の約8割が出生前に発生している。また，医学の進歩により知的障がいの原因がわかってはきているが，原因のわからないものも多くある。

ここでは，出生前の原因と出生後（出産時も含む）の原因および内的要因と外的要因に分けて説明する。

出生前の原因のなかで内的要因は，染色体異常・遺伝子異常・先天性代謝異常・先天性感染症・内分泌異常などがある。染色体異常ではダウン症候群，先天性代謝異常ではフェニルケトン尿症が知られている。外的要因は，母胎を通じての感染症，アルコール・薬物・放射線など，母体の感染症などである。

出生後のなかで内的要因は，無酸素症，新生児黄疸，頭蓋内出血，脳炎，髄膜炎，栄養障がいなどである。外的要因は，頭部外傷，環境的要因（不適切な養育環境，虐待等）等である。

近年，身体的虐待による脳損傷，心理的虐待やネグレクトによる社会環境の剥奪による知的障がいも増えてきている。

3. 知的障がいの分類

IQによって，以下のように分類される。

表4—1　知能指数による知的障がいの分類

程　度	知　能　指　数
軽度知的障がい	IQレベル50-55からおよそ70
中等度知的障がい	IQレベル35-40からおよそ50-55
重度知的障がい	IQレベル20-25からおよそ35-40
最重度知的障がい	IQレベル20-25以下

4. 合併症

合併症としては，成長障がい，てんかん，聴覚障がい，視覚障がい，構音障がい，精神障がい（うつ等）等があるが，なかでもてんかんが合併症となるこ

とが多い。

てんかんは,「種々の成因によってもたらされる慢性の脳疾患であって,脳の神経細胞に突然発生する激しい電気的な興奮により繰り返す発作を特徴としている」[2]。

知的障がいに伴いやすい,難治性のてんかんとして,ウエスト症候群やレノックス・ガストー症候群がある。

第2節　知的障がいの特徴

1．全般的な特徴

知的障がいの特徴は,知能・言語・運動・日常生活などに発達上の遅れやアンバランスがあることが特徴である。

発達初期には,首の据わりの遅れ,始歩の遅れ,始語の遅れなどが見られ,次に言葉の遅れ,コミュニケーションの遅れが見られるようになってくる。乳幼児発達検査や知能検査においても言語やコミュニケーションの分野が他の分野に比べて遅れがあることが特徴である。

言葉だけでなく日常生活のなかで全般的な遅れもある。しかし,成長しないわけではない。少しずつであるが成長する。日常生活のなかで時間はかかるができることも増えてくる。そのため継続的な繰り返しの指導が大切である。

2．ダウン症候群について

知的障がいのなかでダウン症候群がよく知られているので,ここでは,ダウン症候群について説明を行う。

(1)　ダウン症候群とは

ダウン症候群は,21番目の染色体が通常より1本多い21トリソミーといわれるもので,染色体異常のなかでは一番多いといわれている。

1866年にイギリスの眼科医ダウン（Down, J. L. H.）氏の論文での発表が始

まりとされていることから、その名前をとり「ダウン症」と名づけられた。根本的な治療法がないため、症状に応じた治療が行われる。

20代前半の母親からは、約1,500人に一人の割合で発症し、年齢が高くなればなるほど発症率が高くなり、40歳前後で約100人に一人の割合で発症する。

(2) **ダウン症候群の特徴**

外見上の特徴は、扁平後頭骨、泉門の早期閉鎖傾向、扁平な顔立ち、切れ上がった目、鼻根部が低い、耳たぶの変形、指が少し短い、小指の骨がひとつ足りない、猿線、首が短い、親指と人差し指の間が少し開き気味、筋肉の緊張が弱い、外反扁平足等である。

合併症としては、先天性心疾患が一番多く、その他、消化器疾患、目の疾患、耳の疾患、てんかん、甲状腺機能低下症、糖尿病、白血病等がある。

行動の特徴としては、人なつっこい、陽気、社交的、音楽が好き、模倣がうまい等であるがその反面、頑固なところがあったり、初対面や自分に関係ない人とのコミュニケーションが苦手であったり、はじめての場所や薄暗い場所をいやがったり、大きな音や特定な物の音を怖がったりする。

寿命に関しては、以前は30歳～40歳程度といわれていたが、医学の進歩、特に心臓（循環器）外科の進歩により近年は50歳～60歳程度になってきている。そのため、思春期以降の新たな問題も起きている。たとえば、肥満に伴う糖尿病の増加や40歳前後からの認知症の増加、思春期後退現象（うつのような症状）等が見られるようになってきた。

上記のような特徴があるが、個人差もある。

(3) **保育上の留意点**

ダウン症候群の言葉やコミュニケーション問題は、舌や口周りの筋肉の弱さ、顎の状態などに問題があって正しい発音が困難な場合がしばしばあり、聞き取りにくい言葉や不明瞭な言葉の問題がある。楽しい雰囲気の遊びのなかなどで、多くの言葉が出るようにすることが大切である。何度も聞き返したりす

ることは，意欲をなくすことにもつながる。

身体を動かすことに関しては，運動筋緊張低下があり，疲れやすいという問題があるので気をつけなければならない。特に褒めると何度も行う傾向があるので気をつけたい。

指導上では，視覚優位の所があり，絵カードや写真，視聴覚機器を使った指導が有効である。身体上の問題から頸椎が弱いということもあり，前転を行うことは危険である。

(4) ダウン症候群等の出生前遺伝学的検査（NIPT）について

「出生前遺伝学的検査（NIPT）」は，平成25（2013）年より始まった検査である。

母胎血を用いた検査で，検出できる染色体疾患は，21トリソミー（ダウン症候群），18トリソミー，13トリソミーの3種類である。この検査は，非確定的検査であり検査結果が陽性であっても羊水検査などを行わなければ確定できない。現在，全国45カ所の施設で行われている。「出生前遺伝学的検査（NIPT）」を行う対象者は，35歳以上の妊娠している女性で，検査を行う前にはカウンセリングを行うこととなっている。

「出生前遺伝学的検査（NIPT）」の問題点は，陽性判定をうけた人の90％以上が妊娠を中断（中絶）していることである。倫理上の問題等もあり，新聞等でも問題となっているが，是非については今後の推移を見ていかなければならない。

第3節　知的障がいの支援

1．保育における基本的な対応

(1) 実態の把握

子どもの状態を把握することが大切である。そのためには，発達検査や知能検査を行うことだけでなく，日常生活動作やコミュニケーション，社会性，手

指の運動，移動など，日頃の観察からの実態把握も大切である。

(2) 実際の指導

　実態把握をもとに，「日常生活動作の向上」「コミュニケーション能力の向上」「社会性の向上」など，各項目についてスモールステップの目標を立てて指導することが大切である。そうして，短期目標・中期目標・長期目標を立てて指導を行い，常に将来の姿をイメージしていくことが大切である。

2．知的障がい児保育の大切なこと

　障がいのない子には簡単なことでも，知的障がい児には難しいことがたくさんある。それを理解したうえで，根気強く，繰り返して行うことが大切である。たとえば，衣服の着脱や食事，トイレ指導など，毎日繰り返し行っていることも根気強く行うことで，1カ月，半年，1年の長いスパンのなかで，服を頭からかぶることが出来たり，スプーンで食べ物を口に持っていけたり，トイレで排尿が出来たりなど結果がでる。その結果が出るまで，根気強く，繰り返して行うことを続けられるかが指導者にとって大切である。

3．軽度の知的障がいについて

　「第1節の1．知的障がいとは」で，「IQ70以下であっても日常生活において適応能力があれば知的障がいとよばない場合もある」と述べたが，それに該当する人たちでも成人するまで，また成人後にさまざまな課題が出てくることがある。

　たとえば，学齢時期に勉強ができない子であるだけで欠席をせずに学校に行くことにより，現在の少子化のなかで高等学校や短期大学，大学へ進学する場合も出てきている。その場合，適応できずに退学するケースや卒業できても就職に困るケースなどがある。また，いじめの被害者になるケースもあったり，さらに，少年鑑別所や少年院，刑務所に入るケースも出てきている。

　そこで，幼児期においてIQ70以下で日常生活の適応能力がある場合に，知

的障がいとよばないまでも広い意味で特別支援教育の対象と考えることが大切である。幼児期には対応できても，将来社会に出た時のさまざまな問題に対処するためにも特別支援教育のなかで社会性の基本的な指導を行っていくことが，その子の将来につながると考えられるからである。

4．その他

(1) 知的障がいは，18歳までに発症した者とされているため，18歳を過ぎてから脳機能障がいなどを発症し知的障がいに類似する障がいをもった場合は，知的障がいと認められず，療育手帳の交付がうけられない，という問題がある。そのため，障害者年金もうけることができないでいる。

(2) 近年，知的障がい児の指導や社会生活において画期的なことがあった。それは，「Suica」「ICOCA」「PASMO」「PiTaPa」等のICカード乗車券である。電車やバスに乗るための指導では，お金の指導の他，かなり複雑な指導が必要であった。それが，ICカード乗車券ができたことにより，知的障がい児の指導内容が変わっただけでなく，知的障がい児の社会生活も大きく変わった。その他にも電子マネーや携帯電話など，知的障がい児の社会生活に影響を与える物も出てきている。

注

1）文部科学省ホームページ「特別支援教育について」(3) 知的障害教育，2007年
2）WHO（世界保健機関）編，和田豊治（翻訳）『てんかん事典』金原出版，1974年

参考文献

有馬正高監修『知的障がいのことがよくわかる本』講談社，2007年
池田由紀江監修『ダウン症のすべてがわかる本』講談社，2007年
大南秀明『知的障害教育のむかし 今 これから』ジアース教育新社，1999年
坂本洋一『図説よくわかる障害者総合支援法』中央法規，2013年
吉川武彦編著，東京都知的障害者育成会『翼をもった青年たち』大揚社，1996年
吉川武彦・山之内幹『いい子に育てたい』関西看護出版，1995年

第5章 発達障がい児の理解と支援

第1節 発達障がいとは

　幼稚園や保育園などでは，行動や感情のコントロールが困難な子どもに出会う。そうした子どもは「発達障がい」の何らかの診断をもつ場合もあるが，診断をもたない場合も多い。この章では，発達障がいとは何か，またどのような特徴をもち，園においていかに支援していくことができるのか，考えることにする。

　「発達障害者支援法」によると，発達障がいとは，「自閉症，アスペルガー症候群その他の広汎性発達障害，学習障害，注意欠陥多動性障害その他これに類する脳機能の障害であってその症状が通常低年齢において発現するもの」であるという。発達障がいは，生まれつき脳の発達が通常とは異なり，行動や認知，感情のコントロールなどにさまざまな特性をもつ。幼少期において症状がしばしば顕著にあらわれるため，保育現場や家庭において困難を生じさせることがある。本節では，発達障がいのなかでも中核的な障がいである自閉症スペクトラム障がい，注意欠陥多動性障がい，学習障がいについて概観する。

1．自閉症スペクトラム障がい

　自閉症とは，①社会性の障がい，②コミュニケーションの発達の遅れや特

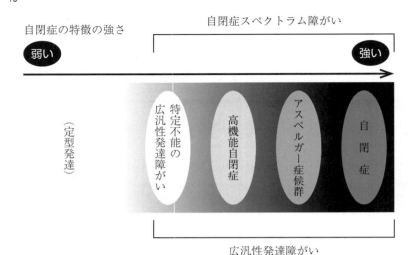

図5-1 自閉症スペクトラム障がい

出所）藤永保監修『障害児保育』萌文書林．2012年，p.84をもとに筆者が改変

異性，③想像力の欠如やこだわりなどを特徴とする障がいである。自閉症という障がいをもつ子どもは，幼稚園や保育園，学校などにおいて，人が話す言葉をうまく理解できなかったり，他の子どもと一緒に行動することが困難であったりする。同時に自閉症と一概にいっても，一人ひとりがあらわす特徴はさまざまで，知的発達のレベルも人それぞれである。従来，自閉症，アスペルガー症候群，高機能自閉症，広汎性発達障がいなど，症状の強さによっていくつかの診断名に分類されてきたが，それらを包括して自閉症スペクトラム障がいという。スペクトラムとは「連続体」の意味で，診断名によって特徴が明確に分かれるのではなく，本質的には連続した特徴をもつ単一の障がいであると捉えられている。[1]

2．注意欠陥多動性障がい（ADHD）

注意欠陥多動性障がいは，Attention-Deficit Hyperactivity Disorder の頭文字をとって ADHD といわれている。①不注意，②多動性，③衝動性の3つ

の特徴をもつ。

　不注意な子どもは，ぼんやりしていたり，そわそわしていて先生がいったことを聞いていない，すぐに忘れてしまうなど注意集中に困難が生じる。また忘れ物が多い，整理整頓ができないなどの特徴をもち，日常生活ではいい加減でだらしのない子と見られがちである。多動性の強い子どもは，食事中や保育中，授業中など，座っていなければならないときに座っていることが困難である。またおしゃべりが止まらないなど，行儀が悪い子どもと思われがちである。衝動性の強い子どもは，我慢や待つことが苦手で，順番が待てず割り込んでしまうことがある。また感情のコントロールが苦手で，カッとなりやすく，感情的に話したり，乱暴な行動になることがある。

3．学習障がい（LD）

　学習障がいは，Learning Disabilities を略して LD とよばれている。文部科学省（1999年）によると，学習障がいとは「基本的には全般的な知的発達に遅れはないが，聞く，話す，読む，書く，計算する又は推論する能力のうち特定のものの習得と使用に著しい困難を示す様々な状態を指す」とされる。知的発達に遅れが見られないにもかかわらず，読み書き計算という学習上重要な活動に困難をもつために，周囲からの理解が得られにくいことがある。

　LD は，その原因として，中枢神経系に何らかの機能障がいがあると推定されるが，視覚障がい，聴覚障がい，知的障がい，情緒障がいなどの障がいや，環境的な要因が直接の原因となるものではない。

第2節　子どもの行動を理解し支援するために

1．子どもの行動の背景を考える

　本節では，発達障がいをもつ子どもたちの行動をいかに理解し支援することができるかについて，氷山モデルを用いて子どもの行動の背景にあるものを考

えてみたい。

　発達障がいをもつ子どもの保育を考える際，保育者は発達障がいをもつ子どもと他の子どもを比較し，両者のギャップを確認するため悪いことやできないことばかりが目についてしまうことが多い。それは発達障がいをもつ子どもたちの行動が保育者を困らせてしまうからである。「みんなと一緒に行動することができない」「自分の思いをうまくことばで表現できない」など，毎日行動を共にする保育者は，発達障がいをもつ子どものこうした行動に振り回されているといってもよい。ここでは，子どもの「困った」行動の背景にあるものを理解するために，「氷山モデル」を用いて考えてみることにする。

２．氷山モデルで子どもの行動を理解する

　氷山モデルとは，子どもの行動を氷山にたとえたものである。図５−２の三角形は氷山を，波線は水面をあらわす。氷山は目に見える水面上にあるものと，目には見えないけれども水面下にあるものとに分かれる。そして氷山は目に見えない部分がかなりの大きさを占め，そこを十分に見ておかないと船は水面下の氷山に衝突し難破してしまうため注意が必要である。

　これを子どもの行動理解に当てはめて考えてみる。発達障がいをもつ子どもの問題となる行動は，氷山の水面上にある目に見える部分である。保育場面で他児に「かみつく」「いやなことをする」「叩いてしまう」など，通常保育者は，こうした「問題行動」に注目し，しばしばそれに振り回される。そこで氷山モデルを使ってそれらの行動の背景にあるものを考えてみる。子どもの「問題行動」の背景にあるものを考える際，大切なことは，次の３つの視点である（図５−２の下部参照）。

　ひとつめは，成育歴を含めた家庭の環境である。現在は園で生活している子どもたちが，生まれてから現在に至るまでの歩みは一人ひとり異なっている。出生前後の大きなトラブルや生まれた後の大きな病気は，おもに身体的な部分に大きな影響を与えるだろう。また，両親の離婚や別居など出生後に生ずる家

第5章　発達障がい児の理解と支援　43

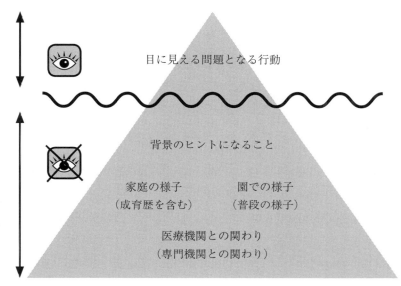

子どもの行動の背景を，子ども目線で想像することが大切
図5－2　氷山モデル

出所）市川宏伸監修『発達障害のある子どもたちの受け入れのために』（児童館・放課後児童クラブ職員テキスト）児童健全育成推進財団，2008年，p.33をもとに筆者が改変

庭環境の大きな変化や虐待に代表される不適切な養育は，子どもの心理的な部分に影響を与えることがある。これらを丁寧に把握することがひとつめの視点である。

2つめの視点は，園での子どもの行動をよく観察することである。いつ，どのような場面で，子どもにどのような行動が見られるのか，記録を取っておくとよい。また，こうした行動が家庭でも見られるのか，それとも園のみで見られるものなのかを保護者と情報交換しながら比較することも大切である。

3つめの視点は，専門機関の利用状況を把握することである。発達障がいの何らかの診断をすでにもつのであれば，利用した医療機関がどこで，どんな診断名なのかを把握しておく。さらに療育機関にも定期的に通っている場合も多い。そこではいつから，どのような療育をしているのか目的や方法を把握し，

園での支援となるべく共有できるように連携していく。園児のなかには，気になる行動が見られても，医療機関や療育機関にまだつながっていないものも多い。専門機関へ通うということ自体，保護者による子どもの受容にかかわるため，専門機関につながるまでに長く複雑な道のりを要する家庭も多い。そうした場合でも，保護者から1歳半・3歳児に行われる健診時の様子を聞いたり，保護者に確認したうえで，保健所・保健センターの保健師と連携し情報交換をすることも大切である。

　これらの情報を総合すると，子どもの「問題行動」がどのような意味をもつのかおのずと明らかになってくる。大切なことは，子どもの「問題行動」だけに目を奪われてしまうことなく，行動の背景にあるものを保育者が子どもの目線に立って考えることである。

第3節　事例と場面から支援を考える

1．乱暴な子ども

【事例1】
　ともやくん（仮名　5歳）は，乱暴な行動が目立つ。園では，ちょっとでも思い通りにいかないと他の園児の頭を叩く，蹴る，噛みつくなどの行動が見られる。何度注意しても，伝わらず，けがをさせてしまうことが続いている。

［理解と支援］
　ちょっとしたことで他児に手が出てしまったり，物を投げたり壊したりしてしまう園児がクラスにいると，保育者にとって目が離せない存在となる。けがをさせないように，四六時中その子どもに張り付いてみていなければいけなくなる場合も多い。このように「乱暴な」子どもをいかに理解し，支援していくことができるのか，ともやくんの乱暴な行動の背景について「からだの動きをコントロールする力が弱い」という視点から考えてみる。

［からだの動きをコントロールする力が弱い子どもへの支援］

　幼児期の子どもは，自分のからだをうまくコントロールすることが難しいことがある。そーっと置く，優しく触るなどの力加減がうまくいかず，「力いっぱいにドーンと置く」，「バンと強く触る」ことで，物が壊れたり，人に対して痛い思いをさせてしまう。

　からだの動きをコントロールする力が弱い子どもに対しては，手足を思い切り動かして遊ぶことで，からだを育てていくことが大切である。たとえば園では，起伏のある園庭を走りまわり，登ったり下りたりジャンプすること，竹馬や竹ぽっくり，自転車・スクーター・一輪車などをすることで子どものからだを育てていくことが大切である。

2．自分の気持ちをうまくことばで伝えられずかんしゃくを起こす子ども

【事例2】

　さつきちゃん（仮名　4歳）は，ことばはあるものの気持ちを思ったように伝えることが苦手で他児との間にトラブルが多い。保育者が間に入って説明しようとしても，カッとなると理解できなくなるようで，大きな声で泣き出してしまうため保育が中断してしまう。

［理解と支援］

　幼児期はことばをたくさん習得し，子ども同士のコミュニケーションが増える時期である。ことばをたくさん話しているため見落としがちなのが，子どもは大人が思うほど思い通りに話しているわけではないということである。特に何らかの発達の偏りや，障がいのある子どもはその傾向が強く，たとえことばでのコミュニケーションがある程度成立しているように見えても，保育者はことばを補いながら子どものことを理解していく必要がある。

［よき理解者であり，「通訳者」であること］

　子どもは何かを思ったとしても，それをことばでうまく表現することが難しい時がある。特に目に見えない「思い」はことばで表現しにくい。そこで言葉

より先に行動してしまい，手や足が出てしまって問題になったり，思いが爆発して大泣きしたりということになる。そんな時には，保育者が「通訳者」となることをお勧めする。子どもが思いをうまく表現できずに行動で示したときは，「さつきちゃんは，このお人形を貸してほしかったんだよね」「貸してくれなくて，くやしかったんだよね」と気持ちを察しながらことばで表現する。すると，言語化されたことでもやもやしていた気持ちが整理されることも多い。そのうえで，叩いてしまったことなどを意識させ，どのようにふるまえばよかったのかを伝えていく必要があるが，まず必要なことは，「通訳者」のように子どもの気持ちを言語化して伝えていくことである。

注
1）藤永保監修『障害児保育』萌文書林，2012年，p.84

参考文献
あすなろ学園『気になる子も過ごしやすい園生活のヒント』学研教育出版，2010年
キャスリーン・ナドー＆エレン・ディクソン，内山登紀夫監修『きみもきっとうまくいく　子どものためのADHDワークブック』東京書籍，2001年
笹田哲監修『入学前からはじめよう，発達が気になる子の「できる」を増やすからだ遊び』小学館，2015年
杉山登志郎『発達障害の子どもたち』講談社現代新書，2007年
田中康雄監修『わかってほしい！気になる子』学習研究社，2004年

第6章
保育課程に基づく指導計画の作成と記録および評価

第1節　障がい児の保育の計画

1．計画的な保育の必要性

　障がい児がいるクラスでは，十分な計画と準備が必要となる。本章では，計画的に保育するための指導計画の作成と，保育の記録・評価についてみていく。2008（平成20）年8月に「保育所保育指針」が改訂され，保育所全体で組織的・計画的に保育に取り組むことや，一貫性・連続性のある保育実践を行うことが求められるようになった。そのような保育を実現するためには，指導計画の作成が重要となっている。さらに，障がいのある子どもの保育を行う場合は，関係機関とともに支援計画を個別に作成することとされている。

　指導計画や支援計画はなぜ必要なのだろうか。保育所には，子どもの最善の利益を守り，子どもたちを心身共に健やかに育てる責任がある。もし，無計画に保育を行っていたとすると，このような責任や保育所の目的・方針に沿った保育を実践することが難しくなるだろう。また，障がい児のいるクラスであれば，想定どおりに保育できない場合も珍しくはない。しかし，事前に十分な計画を立てていれば，たとえ，うまくいかなかったとしても，その計画のどこに問題があったかを特定しやすくなる。したがって，障がい児保育においては，指導計画や支援計画の作成が必要となる。

2．PDCA サイクル

　保育を計画するということは，指導計画を作成すれば終わりというわけではない。計画の立案，保育の実施，実施した結果の記録および評価，計画の改善という一連の流れのなかに指導計画を位置付けることが重要である。この一連の流れを PDCA（計画（Plan）→実施（Do）→評価（Check）→改善（Action））サイクルという。なぜ，保育において，PDCA サイクルの考え方が必要となるのであろうか。

　第1に，子どもは一人ひとり異なるため，試行錯誤をしながら，個々の子どもに合った関わり方をみつけていかなければならないことがあげられる。たとえば，同じように言葉をかけたとしても，子どもによっては受け取り方が異なる場合がある。障がいのある子どもであれば，障がいの状態や発達状態が多様であるため，なおさら個人差が大きいといえる。そのため，個々の子どもに合わせて，保育の仕方を変えていく必要がある。PDCA サイクルに沿って，保育を改善していくことで，個々の子どもに適した関わり方などを効率的にみつけだすことができる。

　第2に，保育者の資質の向上に役立つことがあげられる。保育者は，日々の保育で失敗を繰り返しながら成長していくものである。しかし，どこが失敗だったのかを把握することができなければ成長することができない。相手が障がいのある子どもであればなおさらといえる。PDCA サイクルにしたがって，保育者自身の保育を振り返ることにより，効果的な反省ができるため，資質の向上につながっていくのである。

第2節　指導計画

1．保育課程と指導計画

　第1節では，計画的な保育の必要性について述べた。第2節では，指導計画がどのようなものであるかを具体的にみていき，障がい児保育における指導計

画の留意点を取り上げる。「保育所保育指針」第4章「保育の計画」には、保育課程や指導計画について示されている。保育課程とは、保育のねらいや内容を明確にするものであり、保育所生活全体を通して、保育がどのように展開されるのかを示したものとなっている。保育課程は、「保育所保育指針」や「児童福祉法」、「児童の権利に関する条約」などに示されている内容を踏まえて、それぞれの保育所の理念や方針、実態などに基づいて作成されるものであり、保育所の方向性を職員が共通理解するのに役立つ。指導計画は、この保育課程を具体化した実践計画である。保育課程をもとにして、長期の指導計画（年間・期間・月間）から短期の指導計画（週・日）へと具体化していくことで、保育所全体の目標を見失うことなく、具体的な保育を計画できる仕組みとなっている。なお、保育課程と指導計画をまとめて、保育の計画という。

2．障がい児保育における指導計画

内閣府から示された『障害者白書（平成26年版）』の「障害児保育の実施状況推移」によると、障がい児保育を実施している保育所の数が、年々増加傾向にある[1]。したがって、保育所の保育士は、障がい児のいるクラスを運営していく機会に出会うことも珍しいことではない。障がい児のいるクラスでは、あらかじめさまざまな事態を想定しておくことが必要であり、障がい児の特性を踏まえた指導計画の作成が不可欠となる。では、通常の指導計画と障がい児のいるクラスの指導計画に違いはあるのだろうか。障がい児の保育の目的は、他の子どもを保育する場合と基本的には同じであり、指導計画を作成する目的も同じである。ただし、障がいのある子どもの場合、人とのコミュニケーションや、社会性、身辺処理などさまざまな側面で、他の子どもよりもうまくできなかったり、時間がかかることが多いため、個々の障がいの状態や発達状態によって配慮すべき点も多い。このような理由から、「保育所保育指針」第4章「保育の計画及び評価」「(3) 指導計画の作成上、特に留意すべき事項」では、障がいのある子どもの保育の留意点について、次のように示されている。

> 障害のある子どもの保育については，一人一人の子どもの発達過程や障害の状態を把握し，適切な環境の下で，障害のある子どもが他の子どもとの生活を通して共に成長できるよう，指導計画の中に位置付けること。また，子どもの状況に応じた保育を実施する観点から，家庭や関係機関と連携した支援のための計画を個別に作成するなど適切な対応を図ること。

　保育所では，すべての子どもが，日々の生活や遊びを通して共に育ち合う。障がいのある子どもも，クラスの集団の一員として指導計画のなかに位置付け，保育を展開していく。また，障がいの状態や発達状態などが多様であることから，個に応じた関わりも必要となる。したがって，個々の障がい児に合わせた「支援のための計画（個別の支援計画）」の作成が必要となる。個別の支援計画は，長期的な視点から障がい児の保育を計画していくために役立つものとなっている。指導計画作成の際は，個別の支援計画と結びつけることが重要となる。

3．個別の支援計画と個別の指導計画

　障がいのある子どもでは，幼児期から学校卒業後まで一貫した支援を行うことが重要である。そのために，長期的な視点に立った個別の支援計画の作成が求められている。個別の支援計画は，保育所だけでなく，家庭や療育機関，医療機関などさまざまな関係機関が連携して，個々の障がい児を生涯にわたって支援するための計画となっている。個別の支援計画を活用し，小学校や特別支援学校等に支援をつなげていくことが，保育所の重要な役割のひとつとなっている。

　個別の支援計画が長期的な視点に立った計画であるのに対し，それを土台として，保育所生活のなかで，どのような支援を行うのかを明確にしたものが「個別の指導計画」である。障がいのある子どものいるクラスでは，クラス集

団に対する指導計画とともに，個々の障がい児のための個別の指導計画の作成が必要となる。

4．指導計画の実際

ここまでみてきたように，障がい児保育にかかわる指導計画には，クラスの指導計画のほか，個々の障がい児のための個別の支援計画や個別の指導計画がある。指導計画の様式については，保育所によってさまざまであり，どのくらいの期間を対象とした指導計画かによって，異なってくるが，たとえば以下のような項目が含まれる。

(1) ねらい…養護・教育に関するねらいを示したもの
(2) 子どもの姿…現在の子どもの様子や発達状態を示したもの
(3) 内容…養護と教育（健康，人間関係，環境，言葉，表現）のそれぞれに関連して保育の内容を示したもの
(4) 環境構成…どのような場面設定で保育を行うのかを示したもの
(5) 予想される子どもの活動…設定した活動に対し，子どもがどのような反応をするのかを示したもの
(6) 保育者の配慮事項…予想される子どもの反応に対して，どのような対応をするのかを明確にしておくもの

障がいのある子どもの場合，これらの項目について，障害の状態や，生活や遊びに取り組む姿，活動への関心や参加の様子，さらには友達との関わりなどを記述していくと良いだろう。

第3節　記録と評価

1．記録と評価の意義

　第1節で述べたように，PDCAサイクルのもとで，保育を見直していくことが重要である。そのためには，保育を実施した結果を記録・評価し，改善につなげていくことが不可欠である。第3節では，保育の記録と評価についてみていくこととする。保育を記録することが，なぜ重要なのかを整理してみよう。

　第1に，保育の記録は，計画した内容が適切であったのか，保育を実践してみて戸惑った理由は何であったのかなど，保育そのものを振り返り，問題点を改善するうえで役立つ。また，保育を記録し，評価することは，その場その場ではわからなかったような子どもの心情などに気づくことができ，それが保育の改善につながる場合もある。

　第2に，保育を記録しておくことで，子どもとの関わりについての重要なエピソードを後で思い出すことができる。子どもと関わったエピソードはその日その日は覚えているだろうが，日々の保育のなかで徐々に忘れていくものである。記録というきっかけがあれば，それをもとに自分自身の保育や子どもの様子を思い出すことができる。

　第3に，記録は，職員間の情報共有にも役立つ。たとえば，障がいのある子どもの様子について，担任保育士の視点のみでは，客観的な判断が難しい場合がある。そのときに，他者の意見をもらうことができれば，客観的で適切な判断をしやすくなる。しかし，子どもの様子について，記憶だけを頼りに口頭で説明していたのでは，第三者がその場面をイメージするのは困難である。適切な記録があれば，第三者が具体的に状況をイメージし，客観的に助言することが可能となる。

第6章　保育課程に基づく指導計画の作成と記録および評価　53

2．記録・評価のポイント

　保育を記録し，評価する際のポイントを取り上げる。保育を記録するときにどのような点に気をつけると良いだろうか。先程も述べたように，記録は，保育を振り返ったり，第三者にみてもらう際に重要な資料となる。ことのき，実際に起きた事実と，保育者の感想をまぜて書いてしまうと，記録を読んだ人がその感想に左右されてしまうことがある。したがって，実際に起きた事実と，保育者の考えは分けて書く方が良い。

　保育を評価する場合は，記録した内容をもとに，保育のどの部分が良くて，どの部分を改善しなければならないかについて考察する。その際，指導計画の内容をもとに，実際の保育がどのような結果であったかを明確にすることが大切である。たとえば，障がい児への声かけの仕方について計画を立てていれば，その通りに実践してみた結果，どのような声かけの場合に，どのような反応があったのかなどを評価すると良い。また，その日の保育でうまくいかなかった場合には，どのようにしたら良いのかの改善案を提案することも重要である。

　このように，記録・評価に基づいて計画を見直すことが重要となる。うまくいった点は，その後も継続することになるし，そうでない点については，改善案を計画に盛り込んでいくことになる。このように，PDCAサイクルを繰り返すことで，より良い保育になっていくのである。

3．計画および記録・評価の実際

　これまでみてきたように，PDCAサイクルに基づいて指導計画を見直していくことが，より良い保育を展開していくうえで重要となる。ここでは，PDCAサイクルの具体例を図6-1に示す。なお，第2節で述べたように，実際の指導計画では，保育のねらい，子どもの姿，内容，環境構成，予想される子どもの活動，保育者の配慮事項などが含まれるが，紙面の都合上，ここでは一部だけを取り出して，PDCAサイクルを説明する。

指導計画(P)		実践(D)	記録・評価(C)	改善(A)	
予想される子どもの活動	保育者の配慮事項			予想される子どもの活動	保育者の配慮事項
・A児は登園後、持ち物を整理したり、手洗いやうがいをなかなかしようとしない。	・登園後にすることをA児に伝える。	→	（事実）保育者が「かばんをロッカーにしまって、手洗いとうがいをしようね」と言ったが、A児はすぐに動こうとしなかった。保育者が場所を指差ししながら、一つ一つ伝えた場合には、自分ですることができた。 （考察）一度に複数のことを伝えると、何をしたら良いかわからなくなるようだ。A児に対しては、できるだけ一つ一つ順番に伝えた方が良いと感じた。	→	・A児は登園後、持ち物を整理したり、手洗いやうがいをなかなかしようとしない。	・登園後にすることを、一つ一つ順番にA児に伝える。 必要に応じて、指差しなどを使って伝える。
・A児は集中できる時間が短いため、読み聞かせの時間が長いと落ち着きがなくなってくる。	・A児が絵本に集中できているうちに、がんばっている様子をほめるような声かけをする。	→	（事実）できるだけA児をほめようと試みたが、他児の反応に応えているうちに、疎かになってしまった。読み聞かせの後半の方では、A児の集中力が途切れ、落ち着きがなくなってしまった。 （考察）A児の目標として、長い時間集中することよりも、まずは短い時間であっても最後まで集中していられることで、達成感を得られるようにすることが大事だと感じた。	→	・A児は集中できる時間が短いため、読み聞かせの時間が長いと落ち着きがなくなってくる。	・A児が興味をもつことができ、短い時間で終えられるような題材を使用する。 ・A児が絵本に集中しているときや、最後まで聞いていたときに、がんばっている様子をほめるような声かけをする。

図6−1　PDCAサイクルの例

出所）筆者作成

　図6-1は、A児の登園時の場面と絵本の読み聞かせの場面について示したものである。「指導計画(P)」の欄が最初の計画であり、「実践(D)」の結果を「記録・評価(C)」し、それをもとに新たな計画を立てたものが「改善(A)」となっている。登園時の場面では、保育者は、A児に対し、複数の指示を出していたが、一つひとつ順を追って伝えるように改善している。また、絵本の読み聞かせの場面では、保育者は、A児の集中力を意識して指導計画を立てているが、保育を実施した結果、A児に対する目標を見直すという形で保育を改善している。このような改善を繰り返しながら、個々の障がい児に合った適切な保育を展開していくことが重要である。

注

1） 2012（平成24）年現在，障がい児保育を実施している保育所の数は，7,399カ所であり，1994（平成6）年以降，もっとも多い数となっている（内閣府『障害者白書（平成26年版）』2014年）。

参考文献

伊藤健次編『新・障害のある子どもの保育　第2版』みらい，2011年
尾崎康子ほか編『よくわかる障害児保育』ミネルヴァ書房，2010年
内閣府『障害者白書（平成26年版）』2014年
堀智晴ほか編著『ソーシャルインクルージョンのための障害児保育』ミネルヴァ書房，2014年

第7章 個々の発達を促す生活や遊びの環境

第1節　保育における「遊び」と「環境」

1．子どもの育ちと生活・遊び

　保育という営みは、日々の生活や遊びを通じて、子どもたちの育ちが全面的に押し上げられるものである。この点で、小学校以降の教科指導等のように、特定のねらいや目標に取り組むものと大きく異なる。さらに、保育は保育者が指導的に行うものではない。子どもたちが身の回りのものに主体的に関わることで、環境を通じて行われるものである。

　保育の方法について、「保育所保育指針」では、次のように述べられている。

　「子どもが自発的、意欲的に関われるような環境を構成し、子どもの主体的な活動や子ども相互の関わりを大切にすること。特に、乳幼児期にふさわしい体験が得られるように、生活や遊びを通して総合的に保育すること」[1]

　また、幼い子どもたちは、同じ年齢や月齢であっても、発達の姿には個人差が見受けられる。そして、保育課程や指導計画は、いうまでもなく、子ども一人ひとりの発達の姿を考慮し、作成・展開されるものである。

　これは、「一人一人の発達過程や障害の状態を把握し、適切な環境の下で、障害のある子どもが他の子どもとの生活を通してともに成長できるように」[2]と「保育所保育指針」に指導計画の留意点が示される、障がいのある子どもたち

への保育と立場を異にするものではない。むしろ,「保育の基本」を丁寧に行うこと,すなわち子ども一人ひとりの発達の姿をとらえ,育ちにふさわしい環境を整えていくということが,障がいのある子どもの生活や遊びの環境を検討する際の基本である。

2．保育における遊び

保育において,子どもの育ちは,生活や遊びを通じて意図されるものである。すなわち,子どもたちが安心して「生活」し,主体的に「遊び」,経験を広げることが,子どもの育ちそのものである。これらの「遊びや経験」は,保育者が子どもたちの発達等に応じて配慮し,構成する保育環境に,子どもたち自らが関わって得られるものである。そのため,子どもたちの自主性・主体性が何よりも大切となる。言い換えれば,子どもたちが「やりたい」「楽しい」と感じ,生活や遊びに意欲的に取り組むことが大切である。

そしてまた,保育における「遊び」は,特定の発達を意図して設定され,子どもたちもその発達を意識して取り組むものではない。その活動自体に夢中になること,のめりこむことで経験が広がり,結果として諸領域の発達が促される,というのが「遊び」である。

近年では,子どもたち一人ひとりの育ちのニーズに応じた取り組み・配慮に焦点化される傾向が強いためか,「子どもたち一人ひとりの育ちのニーズ」のなかでも「特別な保育ニーズ」,特に「子どもの抱える発達の偏り（障害特性）」に着目し,その発達の偏りの改善を意図する活動が目立つ。しかし,子どもの主体性や興味があってこそ促される育ちであり,だからこそ,子どもの興味・関心を大切にした「遊び」が重要であることを忘れてはならない。

3．障がいのある子どもと遊び

障がいのある子どもたちは,定型発達の子どもと比べた育ちの偏りや苦手さに,育ちの課題が焦点化されがちである。そのために,「遊び」が「遊び」で

はなくなるケースもある。つまり、保育者が発達課題に応じた狙いの達成に意識を置きすぎるために、子ども主体の活動ではなく、指導的な活動となってしまい、その結果、子どもたちが遊びこむことができず、発達が促されづらくなるのである。

　また、障がいのある子どもたちの遊びが保育者の目に遊びとして映りづらく、中断や他の活動への誘導といった不要な干渉が生じることもあるだろう。

　しかし、子どもたちがその活動自体にのめりこみ、興味をもって取り組むということに留意すると、保育者にとって「遊び」であると感じられなくとも、子どもたちは「遊んでいる」ケースも少なくない。保育者は「遊び」を捉える視点を広げることが大切である。

第2節　子どもの育ちと生活や遊びの環境

1．障がいのある子どもの保育環境

　近年、障がいのある子どものための保育や教育について、多くの実践や研究が重ねられている。その結果、障がいのある子どもが生活しやすい保育室等の環境についても、さまざまな事例を目にすることができる。

　そのひとつとして、特に自閉症スペクトラムの子どもたちの保育環境としての「環境の構造化」がある。この「構造化」とは、イメージ・想像することの苦手さや、聞くよりも見る方が得意、という自閉症スペクトラムの子どもたちの特性に寄り添い、時間や空間を「わかりやすく」調整することである。

　たとえば、見通しをもって主体的に生活するため、「朝の集い」「食事」等の生活場面が描かれたイラストのカード（もしくは写真等）をスケジュールの順に示しておく、「スケジュールの提示」などがある。また、空間の構造化として、気になるものを見えなくするよう仕切りなどを設け、活動に集中しやすくする工夫等がある。

　さらに、これらの工夫は、障がいのある子どもだけではなく、すべての子ど

もにとって「わかりやすい」生活環境であることが着目され，保育現場でも積極的に取り入れられているものである。

　しかし一方で，保育や教育の手段としての構造化が独り歩きし，基本である「子どもたちのわかりやすさ・生活のしやすさ」という視点が失われるケースも少なくない。子どもたちが「もう一回やりたい」と思っても，予告された回数で遊びが打ち切られるケースもある。また，スケジュールを提示された子どもが，そのスケジュールを「見通しがもてて安心」というだけではなく，「こなさなければならないノルマの提示」と受け取っていることもある。いずれにせよ，時間・空間等の環境が，子どもにとって「わかりやすい」「生活しやすい」もの，子どもが主体的に生活できるものとなっているか，常に見直すことが必要である。

2．環境の整理

　子どもたちが日々を過ごす保育室や園庭などの「環境」には，子どもたちに発せられるさまざまなメッセージがある。

　履物を揃えておく場所に，その通りに示されたイラストなどがあれば，「ここで履物を揃えておく」というメッセージが子どもに伝えられる。子どもたちの目の前に玩具があれば，「これで遊んでください」というメッセージを受け取るだろう。

　保育者は，それらのメッセージを子どもたちが「わかるように」環境として織り込む。

　そのためには，今，目の前の子どもがどのような育ちの段階にあるのかを見とり，環境を整えなければならない。遊びこむことが大切な場面では，それができる環境，すなわち時間・空間・遊びの材料等を整えなければならない。

3．子ども主体の保育環境

　保育環境を考える際，大切となるのは，子どもたち自らが主体的な生活を送

ることができる，という点である．すなわち，自分の生活の主人公になること，見通しをもって，自ら生活を作り出していくことが大切である．

ここでは，ひとつのエピソードをもとに，子どもの立場から保育環境を考えてみる．

保育園の年少クラスのＡ児は進級後３カ月経っても，登園後，自分のクラス（教室）に入らずに一日を過ごす．廊下に出してもらった机でお気に入りの絵本を眺める，窓から外を眺める，その場に来る友人とくすぐりあいっこなどをして関わる，などをして過ごしている．周囲からは，遊んでいる，クラスの活動に参加しているようにはなかなか思えない．

Ａ児の姿からは，次のような苦手さがあると考えられる．

- 新しい環境（この場合は進級後の新しい教室・友だちなど）に慣れるのに時間を要する．
- 園での楽しい活動を見通すことが苦手．
- 友だちと過ごすことが楽しいと思える人間関係の育ちが未熟．

このような場面で，これらの苦手さばかりに焦点化し，教室のなかでの楽しい活動をＡ児にアピールし，その活動を見通せるよう支援し，周囲の子どもたちにＡ児に関わるように促すなどの支援をするケースは少なくない．しかし，定型発達の子どもと一緒に活動できる，という発達の偏りの解消に焦点化すると，「Ａ児の姿」を見過ごすことになってしまう．

「苦手なことがあるから」ではなく，なぜＡ児が廊下で過ごすのか…ということに寄り添い，Ａ児の思いや育ちを見ていくこと，そのうえで環境を工夫することこそが大切である．

保育園での一日の流れを，Ａ児の視点から推測してみる．

長時間保育のなかでは，子どもたちは個々にさまざまな時間に登園・降園する．子どもだけでなく，保育者も交代勤務のため，時間によって入れ替わる．さらに，場合によっては，過ごす園室も移動する．Ａ児はそのなかで，自分がどう過ごすべきなのか，混乱しているのかもしれない．

そのうえで，彼のお気に入りの「廊下」という場所を考える。おそらく，クラスの子どもたちが今，何をしているのか，一番よく見える。園室のなかで子どもたちが無秩序に活動していても，廊下は他児に干渉されない。そして，さまざまに移動する部屋の中継点でもある「廊下」は，自分のクラスの生活する園室が変わっても，そこを常に見渡せる場でもある。

そのように考えると，A児の「園室に入らず，廊下で過ごす」という姿も，けっして受動的なばかりではなく，A児が自らの目で，自分の過ごす場を知っていく，大切な経験であると感じられる。

そのような視点に立つと，A児にとって大切なことは，今，彼の視点から，十分に生活の場を感じとり，安心できる空間のなかで毎日を過ごすことだと思える。

第3節　子どもたちの遊びの実践

1．遊びの設定・展開の留意点

これまでに述べた内容から，遊びを設定し，展開する際の留意点をまとめる。

(1) 子どもの興味・関心から遊びや遊具の内容を検討する

子どもたちが「遊べている」か，すなわち，自ら興味をもって何らかの活動をしているかどうかという視点は，保育者にとってとても大切である。そのため，遊びの内容も，子どもたちの興味のあるもの，好きなものから広げることが大切である。

(2) 遊びや遊具を捉える視野を広げる

子どもの行動が仮に保育者の目には「遊び」のように映っていなくとも，その行動を通じて，子どもたちが何を思い，なぜその行動をしているのかを見取ることが大切である。

(3) 遊ぶことそのものを目的とする

　子どもたちが遊んでいるときの保育者の役割は，あくまで遊びを「援助する」ことである。子どもたちが「もっと」「もっと」遊びを展開していくことができるよう，材料を揃え，環境を整頓する。遊んでいる子どもと共に行動し，「できたね」と共感し，認める。次は「こうするよ，こうするよ」と，指導的になるものではない。そのうえで，子どもたちが何に興味をもち，何を楽しいと感じているのか，見極めていくことが大切である。

(4) 遊びこむことができる環境に留意する

　遊びのなかで，「もう一回」「もっと」やってみたいと興味をもつこと，試行錯誤してみたくなるほど意欲をもつことは大切である。それだけでその活動から得られる経験が深まるからである。子どもたちの主体性や興味・関心が大切なのはそのためでもある。

2．遊びの展開の事例 ① ～駐車場の車種唱え

　車が大好きな年中クラスのＢ男は，クラスの友だちが園庭でサッカーや鬼ごっこ，虫さがし，鉄棒やブランコ等の遊具で遊ぶなか，毎日，駐車場に並ぶ車の車種を端から順番に言い続けるという行動をしていた。「駐車場の車種を端から言い続ける」という行動。周囲の子どもや保育者の視点からは，「みんなの遊びに入っていない」という理由からも「遊んでいない」と捉えられていた。

　しかし，Ｂ男にとってみれば，危険のない場所で，好きなだけ大好きな車を見て，その車種を唱えることができる，最高に楽しい時間であった。その車種を唱える遊びに保育者が付き合うと，次第に保育者との信頼関係も強まった。同じく車が好きな子どもとのコミュニケーションも広がった。好きなことをとことんやってみることは，そこからの経験の広がりにもつながる。

　また，保育者はコミュニケーションや信頼関係の広がりを意図して遊びに関わったわけではない。子どもの「楽しい」にとことん付き合うことで，生まれた発達である。

3．遊びの展開の事例②〜ペットボトル

　保育現場で子どもたちが遊ぶ遊びに，ペットボトルにチェーンリングなどの玩具を入れるものがある。手指が発達し，細かい作業ができるようになってきた子どもたちが好む遊びである。仮に，子どもたちが「もっとやりたい」と思った時，次のペットボトルや玩具がなかったとしたら，その「もう一回」の思いは叶わない。子どもたちの興味を刺激する「もう一回」したくなる遊びであること，「もう一回」できる環境が整えられていることが大切である。

注
1）厚生労働省「保育所保育指針」2008年，第一章3（二）オ
2）厚生労働省「保育所保育指針」2008年，第四章1（三）ウ（ア）

参考文献
赤木和重・岡村由紀子『「気になる子」と言わない保育―こんなときどうする？考え方と手立て』ひとなる書房，2013年
近藤直子ほか編著『ていねいな子育てと保育　児童発達支援事業の療育』クリエイツかもがわ，2013年
高山静子『環境構成の理論と実践　保育の専門性に基づいて』エイデル研究所，2014年
松井剛太「保育本来の遊びが障害のある子どもにもたらす意義―『障害特性論に基づく遊び』の批判的検討から―」『保育学研究』第51巻第3号，日本保育学会，2013年，pp.9-20

第8章 子ども同士のかかわり合いと育ち合い

第1節 障がい児と健常児の育ち合いの大切さ

　子どもは，保育所ではじめて同年代の子どもとの集団生活を経験する。集団での遊びや生活をとおして，子どもたちは仲間の存在を認め合うようになる。一緒に活動に取り組み，コミュニケーションの喜びや難しさを経験するなかで，仲間意識が芽生え，やがて互いに協力し合えるようになる。一人ひとりの個性や能力の差によって，子ども同士の関係性はさらに多彩なものとなる。

　このように，子どもが同年代の仲間と接しながら育つことには多くの意義がある。統合保育の場合は，さらにその意味合いが深いものとなる。たとえば，障がい児は，同年代の仲間たちと日常的にかかわるなかで刺激をうけ，健常児の様子を見て自然とその活動を模倣したり，また健常児の誘いによって集団活動にスムーズに参加したりするようになる。一方，健常児もまた障がい児と日々かかわり合うなかで，障がい児の状況を理解し思いやり，必要なサポートやコミュニケーションを自然と行えるようになる。障がいのあるなしにかかわらず，子どもたちが同じ時間と場所を共有しさまざまな関係性を築くなかで，互いへの理解を深めたり，集団でのルールや技能を身につけたりすることを「社会的相互作用」とよぶ。障がい児も健常児も，この相互作用によって大きく成長する。これが，統合保育におけるもっとも重要な意義である。

ただし，子ども同士は，保育者が何もせず放っておいて自然と仲間になるわけではない。なぜなら，障がい特性やコミュニケーションの難しさによっては，障がい児と健常児の間に適切な助け合いや仲間意識が生じるとは限らないからである。また，保育者が障がい児の対処や配慮に留意しがちになり，障がい児と周りの子どもたちの関係づくりへの視点をもちにくいこともある。

すべての子どもの保育ニーズが満たされてはじめて，よりよい助け合いや仲間意識が生じ，障がい児と健常児の双方の育ち合いにつながる。保育者は，一人ひとりの育ちに寄り添い援助する「個」へのまなざしと同時に，障がいのあるなしを超えて子どもたち同士のかかわりをうながすための「集団」へのまなざしを備えておくことが大切である。

第2節　各年齢における障がい児と健常児のかかわり合い

子ども同士はそれぞれの年齢においてかかわり合いの様子が異なる。本節では，年齢に応じたかかわり合いの特徴と配慮すべき点を確認する。

1．おおむね0-1歳

心身が急激に発達する0-1歳の時期は，コミュニケーションやかかわりの主たる対象は，身近な大人である家族や保育者が中心である。またこの時期は，子ども同士にとって障がいの有無は大きな差や困難にはなりにくい。

障がいのあるなしにかかわらず，この時期は，大人とのやり取りや遊びなどの生活経験のなかでたくさんの言葉かけを行うこと，それらをとおして気持ちを共有することを喜ぶ心を育てることが大切である。コミュニケーションを楽しむ心が，のちに子ども同士の関係性を築くための基礎となる。

2．おおむね2-3歳

健常児の場合は2歳前後になると，日常的なコミュニケーションが言葉を主

体とするものに移行していく。発声もはっきりし，語彙も急に増加する。これにともない，自分の意志や欲求を言葉で表現するようになる。自我が芽生え，「自分で（やる）！」「いや！」など強く自己主張する姿も見られるようになる。次第に，あいさつやもののやり取りといった子ども同士のコミュニケーションが増えてくる。

　一方，この時期の障がい児の発達は，非常に個人差が大きい。障がいの程度にもよるが，障がい児はおおむね言葉の発達がゆっくりであり，発音が不明瞭であることも多い。そのため，保育者が障がい児と周りの子どもたちとのコミュニケーションを代弁し，仲介する必要がある。

　さらに3歳ごろになると，同じ場所で同じ遊びを楽しむ「平行遊び」が見られるようになる。障がい児と健常児が共に遊ぶ際は，「みんなで一緒にできた」という実感や，「みんなで一緒に遊ぶことが楽しい」と感じられるような言葉かけや行動援助を行い，子ども同士のやり取りを広げていくことが大切である。

3．おおむね4-5歳

　4歳前後になると，クラス内で子どもたち同士のかかわりが活発になってくる。けんかやトラブルをとおして子どもたちは自分と友達の「違い」に気づき，相手にも感情があることを理解し，次第に相手を思いやることができるようになる。

　この時期になると，健常児と障がい児の発達の差がはっきりしてくる。障がい特性やコミュニケーションの難しさが原因で子どもたちの間にトラブルが増える場合は，保育者による状況説明や適切な仲裁が必要となる。

　また，成長とともに遊びの幅が広がり，ルールのある集団遊びが好まれるようになる。この時，障がい児だけがルールを理解できずに参加しにくい場合や，またはルールがわかっていても思うように動けず参加が難しくなる場合が起こりやすい。障がい児と健常児が遊びを共有できるよう，わかりやすくルー

ルを示すことや，障がい児も一緒に遊べるようなルール変更が時に必要になる。

第3節　かかわり合い・育ち合いのための保育者の役割

　本節では，保育者が統合保育を行ううえで，子どもたちのかかわり合いや育ち合いをうながすために心がけるべき3点について述べる。

1．コミュニケーションをうながす

　幼児期は，自分の感覚や意思をはっきりと言葉にすることが難しい時期である。障がい児はさらに，言葉の遅れや構音障がいなどによって，健常児よりうまく伝えられないことが多い。また自閉症スペクトラムの子どもたちは，健常児と感覚やものの感じ方がずいぶん異なっているといわれるが，自分自身の感覚や気持ちをうまく伝えられずにパニックに至ったり，周囲とトラブルになったりすることもある。

　子ども同士の自然な仲間関係を育てるために，保育者はこうした子どもたちの「通訳」となる意識が必要である。保育者は障がいの特性や感覚の違いをよく理解したうえで，彼らの言動や行動をありのままに受け止めること，そしてそれを他の子どもにわかるように伝えること，すなわち「通訳」をするという気持ちで代弁・共感・仲介を行うことが大切である。

　また，子ども同士の直接的なコミュニケーションをうながす際には，「貸して」・「ちょうだい」などの要求やヘルプのジェスチャーやサインなど，障がい児にわかりやすいコミュニケーションのやり方をクラス全体で共有して取り入れる方法がある。保育者と障がい児だけでなく，すべての子どもがサインを使えるのであれば，遊びや会話のなかに取り入れて，子ども同士の意思疎通をうながすことができる。

2．かかわり方のモデルを示す

　普段の保育のなかでかかわりをうながすときに，子どもが友達と一緒に何かをしたい，友達と一緒に遊びたいという気持ちを生み出すような作業や遊びを設定し，保育に取り入れることで，自然なかかわりやコミュニケーションを引き出すことができる。だが，子ども同士のかかわりが増えれば，トラブルもまた起こりやすくなる。その際，第1項で示した「通訳」的な言葉かけや気持ちの共有に加えて，保育者がかかわり方のモデルを示すのが効果的である。

　たとえば，障がい児は周りの子どもに親しみの気持ちを込めて手を伸ばしたつもりでも，相手を強く叩いてしまうことがある。このような時には，仲良くしたかった気持ちを健常児に伝えることに加えて，障がい児に対して「お友達と遊びたいときはこうしようね」と実際の力加減を確認しながら，適切な接し方をその場で例示するとよい。逆に，かかわり方がわからず，健常児が障がい児を過度に怖がらせることもある。この時は健常児の気持ちを障がい児に伝わりやすいように伝えたうえで，「〇〇くんに話しかける時はこうしてあげてね」などと接し方を具体的なかたちで示すとよい。

　また，良いかかわり方や適切な援助ができた場合には，それを保育者が認めて紹介し，クラス全体で共有していくことも大切である。食事の準備や当番活動などの際は，障がい児と周囲にいる子どもたちの間に自然なかかわり合いや助け合いが生じやすい。周りの子どもたちと適切なかかわり方を共有することで，障がい児が集団の一員として行動しやすい関係性が生まれる。

3．相互に理解し合う

　子どもたちは年齢が上がるにつれ，自他の違いを認識するようになる。たとえば，クラス全員で同じ課題に取り組むときに，障がい児は自分が周りと同じようにできないことに苛立ちを感じるようになる。そうした場面で，保育者は障がい児に丁寧にかかわることが必要になるが，このとき，周りの子どもたちからは障がい児だけが特別扱いされているように見えてしまう。

こうした時は，子どもたちにわかりやすいかたちで相互理解を進める必要がある。同じ活動に取り組む際，障がい児には自分と周囲の違いを否定的に意識させることがないよう，自己肯定感や達成感を損なわないような課題設定や言葉かけに留意する。また，健常児に対して障がい児について話すときは，以下の項目に注意するとよいとされる[1]。

(1) 診断名（自閉症やダウン症など）を伝えるのは避ける
(2) 「障がい」をかたるのではなく，「〇〇ちゃん」という子どもについて話す
(3) その子どもの行動特徴や，どういう気持ちでいるか，という説明を具体的にする
(4) その子どもの肯定的な面をなるべく強調して説明する
(5) 困った行動やみんなに迷惑なことをした場合，具体的にどのようにその子どもに対応すればよいかを説明する
(6) その子どもができないことは隠さず正確に伝える
(7) 言葉で説明していくよりも，共同活動や障がいのある子どもを手伝ったり協力したりする体験を多く蓄積させる

クラスのなかにはさまざまな個性を有する子どもたちがいる。だが，子どもたちのなかには「違い」への意識はあっても，「障がい」という概念はない。そのことを保育者がしっかりと意識し，子ども同士の自然なかかわり合いや育ち合いが生まれるような環境づくりを行うことが大切である。

注
1) 橋本創一ほか編著『知的・発達障害のある子のための「インクルーシブ保育」実践プログラム』福村出版，2012年，p.43

参考文献

あすなろ学園『気になる子も過ごしやすい園生活のヒント』学研教育出版，2010年
小山望・太田俊己・加藤和成・河合高鋭編著『インクルーシブ保育っていいね』福村出版，2013年
浜田寿美男『障害と子どもたちの生きるかたち』岩波現代文庫，2009年
藤永保監修『障害児保育』萌文書林，2012年

第9章 職員の協働

第1節 チームワーク

1．チームワークの必要性

　近年の保育現場は，障がい児のニーズも含めた多様な保育ニーズに応えなければならない。そのため保育者が協働することは，もはや「欠かすことができない前提条件[1]」になってきている。

　協働とは，「協力して働くこと[2]」という意味である。ある共通した目的に向かって保育現場の同僚と協力して仕事を遂行すること，すなわちチームワークが求められるという意味である。特に，障がい児の特別なニーズに応えるためには，保育者のチームワークは欠かせない。「全国保育士会倫理綱領」にも，「私たちは，職場におけるチームワーク（中略）を大切にします」[3]と記されている。子どもの育ちを支えているという使命は，どの保育者にも共有されているからこそ，子どもとともに課題に直面している担当保育者を孤立させてはいけないのである。自閉傾向の見られる子どもがパニックを起こした場合のように，保育者一人で対応することが難しいときには，チームで協働しなければならないのである。

２．多様な保育者によるチームワーク

　障がい児保育に取り組む園が，全体の協力体制を整えるために必要な環境として，青木久子は次の３項目を指摘している。

(1) 専門領域や視点が違う保育者集団で，保育の志向性をもちつつ多様な価値観が交流する場を構成して，人の環境にゆとりが生まれるようにする。また一人一人が保育行為に責任をもつという自覚と，互いに助けあい補いあう体制を園全体のなかで構築する。
(2) 個別に必要な感覚訓練，機能訓練と，集団生活によって身につく内容を整理し，発達が促進される環境を用意する。
(3) 保育者・保護者や地域の人々の偏見をなくすための，さまざまな研修や見聞を広げる機会を設ける[4]。

　この(1)にも記されているとおり，子どもたちが多様なように，保育者も多様である。チームワークによる保育といっても，保育者一人ひとりの考えは尊重されなければならない。むしろ，子どもの多様性を認める保育者だからこそ，チーム内における自分たちの多様性を認め合わなければならないのである。

　そのかわり，相互の「違い」を認識しておくことが必要になる。特に，子どもにとっての「善きこと[5]」をめぐっては，それぞれの経験や見通し（現在の「善」をとるのか，未来の「善」を選ぶのかなど）の違いから，異なる対応策が生じてくることも多い。それでも，子どもの育ちを支えるという大きな目的を目指して，ともに保育を創りあげていかなければならないのである。

　相互の「違い」を確認し，方向性を協議する場として，園内でケース会議などが設けられる。そこでは，病名や症例が正確に扱われていなければならない。そのため，『DSM-5[6]』などの診断マニュアルや辞典を園で共有し，用語の統一を図っておく必要がある。

第2節 ケース会議とスーパービジョン

1．ケース会議

　ケース会議とは，保育の現場で生じた事例（ケース）について，個別に検討し対応策を決定するために開かれる会議である。参加メンバーは，園内職員だけの場合と，関係機関の専門家に入ってもらう場合がある。

　「保育所保育指針」にも，「全職員が健康及び安全に関する共通理解を深め，適切な分担と協力の下に（中略）取り組むこと」[第五章の4の（1）]と記されているように，特に，子どもの健康や安全は，ケース会議により情報を共有されることが多い。

　実際に検討される具体的な課題は，多様な要因によって複雑に立ちあがってくることが多い。担当保育者は，すでにその問題に巻き込まれているため，問題自体を客観的にとらえることが難しくなっている。それゆえに，担当以外の保育者も含めて多面的に保育や支援の内容を検討することが必要になるのである。

　ケース会議をとおして，園全体が問題を共有するだけでも，その問題に行き詰まってしまった担当保育者の気持ちに，ゆとりをもたらすことになる。しかも，異なる視点からの意見は，固定化していた担当保育者自身の見方や考え方を，根底から見直すきっかけになる可能性もある。さらに，こうした具体的な課題の共有をとおして，チームワークは高まっていくことも多い。いわば，子どもたちによって保育者の結びつきは強められるともいえるのである。

2．スーパービジョン

　困難な事例のなかには，園内の保育者だけでは乗り越えられないケースもある。そのときには，地域独自に行われている巡回相談（指導）員などにスーパービジョンを求めることも必要となる。スーパービジョンとは，担当事例について，適切な方向づけをえるための指導をうけることを意味する。そして，助

言を行う指導者のことをスーパーバイザーとよぶ。どんなにベテランの保育者であっても，「渦中にあっては，クライエントとの関係などを対象化しにくくなることがあるので，第三者に問題の整理を援助してもらうこと」[8]が必要なのである。

しかし，スーパービジョンを行う専門家にも限界があることを忘れてはいけない。専門家は，保育者のように子どもとじっくり過ごすことは難しいことが多いため，どうしても現実にそぐわない助言になってしまうこともある。

ところが，本来のスーパービジョンとは，保育者たちと一緒に，専門家も答えを探すことなのである。その作業をとおして，保育者自身がそれまでとは違う見方を見出せるように支えていくことが，スーパービジョンなのである。たとえば，ニーズをくみとることが難しい重度心身障がい児のケースでは，専門家のスーパービジョンによって，子どものサインの新たな解釈が見出され，そこから保育者たちと一緒に当該児童の本当のニーズを見直し，支援の方向性も修正されていくということが生じることもあるのである。

第3節　研修の必要性

1．学び合う環境づくり

保育者は，経験を積むだけで保育者として成長できるわけではない。その過程において，必要な学習も積み重ねていかなければならない。そのためにも重要なのが研修・園内研究である。

「保育所保育指針」にも，「保育所全体の保育の質の向上を図るため，職員一人ひとりが，保育実践や研修などを通じて保育の専門性などを高めるとともに，保育実践や保育の内容に関する職員の共通理解を図り，協働性を高めていくこと」〔第七章の1の(2)〕[9]，あるいは，「職員一人一人が課題を持って主体的に学ぶとともに，他の職員や地域の関係機関など，様々な人や場との関わりのなかで共に学び合う環境を醸成していくことにより，保育所の活性化を図って

いくこと」〔第七章の3の(2)〕[10]が求められている。つまり，研修や地域の専門機関との交流をとおして，各保育者の専門性を高めるとともに，園（チーム）全体で学び合う環境を整えることが求められているのである。

　しかし，研修で学んだ専門知識が，そのまま対象となる障がい児にぴったりあてはまることは少ない。そのため，保育者は，実践のなかで，状況（障がい児の個別性やニーズなど）を考慮に入れながら，専門知識をもとに，その子どもに適応した支援を創りだしていかなければならないのである。しかもそれは，一人の保育者だけではできない。保育者を中心としたチームで創造していくことが求められているのである。

2．園内研究と専門性の向上

　研修とともに，園内研究も保育の質を高める機会として有効である。園内研究とは，保育者自身が保育の日常的な出来事を何らかの記録に残し，その記録を省察の土台として，「保育の課題に向きあうこと」[11]である。保育の営みの特徴は，再現できない一回性にある。だからこそ，現象を記録し，自分の支援の適切さを省察することが大切になってくるのである。

　コミュニケーションの難しい重度障がい児の支援が，適切に行われるためには，その子どもの本当の願い（ニーズ）を保育者が理解していなければならない。それゆえ，かすかな身体的サインに気づき，そこからニーズをつかまなければならないのである。そのため，保育の記録を毎日積み重ねて園内で共有することが，かすかなサインに気づくためにも必要なのである。

　要するに，保育者がチームで目指す専門性とは，その障がい児のニーズに応じた専門的な支援を実践できる専門家集団になるということなのである。

―――― 注 ――――
1）大場幸夫「保育者相互の支えあい」『保育学研究』第46巻2号，日本保育学会，2008年，p.8
2）新村出『広辞苑』（第6版）岩波書店，2008年

3）全国社会福祉協議会・全国保育協議会・全国保育士会「全国保育士会倫理綱領」2003年
4）青木久子「違いの理解と保育」『子ども理解とカウンセリングマインド―保育臨床の視点から』萌文書林，2009年，p.194
5）戸田雅美「保育行為の連携をめぐる問題構造」『保育学研究』第46巻2号，日本保育学会，2008年，p.66
6）日本精神神経学会監修『DSM-5 精神疾患の診断・統計マニュアル』医学書院，2014年
7）厚生労働省「保育所保育指針」（厚生労働省告示第141号），2008年，p.35
8）中島義明ほか編『心理学辞典』有斐閣，1999年
9）厚生労働省前掲，2008年，p.39
10）同上，p.40
11）河邉貴子「保育者の役割」『子ども理解とカウンセリングマインド』萌文書林，2009年，p.126

参考文献

青木久子・間藤侑・河邉貴子『子ども理解とカウンセリングマインド』萌文書林，2009年

佐伯胖『幼児教育へのいざない 増補改訂版』東京大学出版会，2014年

武居光『子ども相談ノート』Sプランニング，2014年

津守真『保育者の地平』ミネルヴァ書房，1997年

第10章
保護者や家族に対する理解と支援

第1節　保護者支援の必要性

　現在，保護者を取り巻く状況は大きく変化している。核家族化や少子化の影響から，幼い子どもとの接点が少なくなり，子育てに関する知識や技術が不十分なまま成長した若い保護者が増えている。また，地域とのつながりが希薄になり，親同士が子育ての情報交換をする機会や場所も少なくなっている。その結果，子育ての協力者や相談者の不在，子育てに対する不安感や困難感など，保護者の子育てに対する負担感は以前に比べ増加している。くわえて，わが子が障がいをもっていたら…。保護者の子育てに対する不安感や負担感は，想像を超えるものであろう。「なんだかうちの子は他の子と違う気がする。本当は不安だけどそれを言葉にしてしまったら現実になりそうで怖い」「どうして私だけこんなに大変なんだろう。他の子は普通なのに」「うちの子にどう接して良いのかわからない」これは保護者から実際に語られた言葉である。その言葉からもわかるように，保護者はさまざまなことで困り，苦しんでいる。そのため，保育士として子どもの支援とともに，その保護者への支援を行うことが重要な役割のひとつになるだろう。

　さて，保育士の役割とはどのようなものだろうか。「児童福祉法」では，保育士を「保育士の名称を用いて，専門的知識及び技術をもつて，児童の保育及

び児童の保護者に対する保育に関する指導を行うことを業とする者をいう」（第18条の４）と定められている。また「保育所保育指針解説書」では，保育士の専門性は「① 子どもの発達に関する専門的知識を基に子どもの育ちを見通し，その成長・発達を援助する技術，② 子どもの発達過程や意欲を踏まえ，子ども自らが生活していく力を細やかに助ける生活援助の知識・技術，③ 保育所内外の空間や物的環境，様々な遊具や素材，自然環境や人的環境を生かし，保育の環境を構成していく技術，④ 子どもの経験や興味・関心を踏まえ，様々な遊びを豊かに展開していくための知識・技術，⑤ 子ども同士の関わりや子どもと保護者の関わりなどを見守り，その気持ちに寄り添いながら適宜必要な援助をしていく関係構築の知識・技術，⑥ 保護者等への相談・助言に関する知識・技術など[1]」とされている。つまり，保育士は保育所での子どもの成長・発達を促すことはもちろん，家庭での子どもの成長・発達を促すために必要な保護者への相談・助言といった保護者支援も行う必要がある。

第２節　障がいの受容

　もしわが子が障がいをもっているとわかったら……その時，自分ならどんな気持ちになるだろうか。本当の気持ちは，実際にその立場になってみなければわからない。しかし，気持ちを想像し，保護者の気持ちを理解しようとすることは，保護者を支えるうえで必要な支援であろう。

　ドローター（Drotar, D）らは，障がいをもつ子どもの保護者の心理的変化の過程を「Ⅰ ショック → Ⅱ 否認 → Ⅲ 悲しみと怒り → Ⅳ 適応 → Ⅴ 再起」の５つの段階に分けた（図10-1）[2]。

Ⅰ　ショック
　　自分の子どもの障がいを告知され，誰もが耳を疑い，頭のなかが真っ白で呆然とした状態の段階。

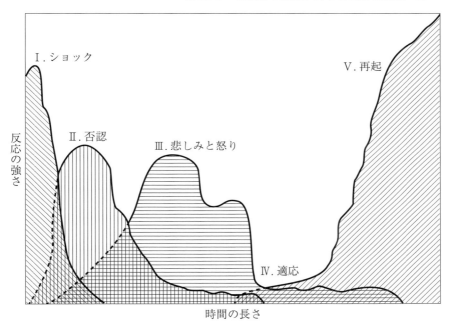

図10－1　障がいをもつ子どもの誕生に対する親の正常な反応
出所）マーシャル H. クラウス，ジョン H. ケネル著，竹内徹ほか訳『親と子のきずな』医学書院，1985年，p.333

Ⅱ　否　認
　　自分の子どもの障がいを「まさか自分の子どもに限って，そんなはずはない」「これは夢なんじゃないか」と認めようとしない段階。

Ⅲ　悲しみと怒り
　　「自分の子どもがかわいそう」「なんで私が」「誰も私のことを支えてくれない」「これからどうしたら良いだろうか」のように，時間が経つに連れ現実に直面した結果，怒りや悲しみ，不安などの気持ちが混乱した段階。

Ⅳ　適　応
　　少しずつ自分の子どもの障がいを受け止め，現実に適応を図っていこうとする段階。障がいについて情報を調べたり，将来のことを検討したりするなか

で，前向きに考え始める段階。

Ⅴ　再　起

障がいについて理解し，自分の子どもの障がいを肯定的に受け止められる段階。周りの子どもと比較するのではなく，自分の子どものあるがままを理解し，前に進んでいく段階。

以上の段階をたどって，保護者は障がいをもった自分の子どもを受容していくと考えられている。ドローターらの障がい受容モデルは，保護者が示すわが子の障がいを告知された後にあらわれる気持ちの変化を示したモデルである。その変化は自然な反応であり，いつまでも続くものではなく，やがて保護者は自分の子の障がいを受容し前に向くことができる。そして，心理的変化の過程を保育士が理解することで，保護者の気持ちに寄り添い，見通しをたてながら保護者に対する支援を行うことを可能にした。ただし，受容の進み方は保護者によってさまざまである。短期間で自分の子どもの障がいを受容できる保護者もいれば，何年もかかる保護者もいる。障がい受容の過程を学習した結果，最終段階である「再起」に保護者の誰もが到達できると考え，まだ到達できていない保護者に対して，「まだ受容できていない」「しっかり向き合ってください」など，保護者に対して否定的な気持ちを向けないように，保育士は細心の注意を払わなければならない。保護者だからこそ自分の子どもに対して思いが強く，より悩みや葛藤が深く重いことを理解し，保護者のあるがままを受け入れることが大切になるだろう。保護者の気持ちに寄り添うことを通して，保護者の悩みや葛藤が少しでも減少する保護者支援を実施していくことが重要である。

第3節　保護者や家族の心に寄り添う支援

1．信頼関係の形成

　では，どうすれば保護者の悩みや葛藤を少しでも少なくすることができるのだろうか。もしわが子が障がいをもっているとわかった時に，自分だったらどうしてもらいたいと思うか？　このように，まず保護者の気持ちについて想像する必要があるだろう。それが保護者の気持ちに共感するということであり，保護者の気持ちを受容することに繋がるからである。

　共感とは，相手が感じている世界を，あたかも自分自身が経験しているかのように感じとろうとすることである。保護者は共感されることで心に寄り添ってもらえると感じ，自分の悩みや葛藤に向き合う力をえることができる。一方，受容とは「不適切と思われる行動等を無条件に肯定することではなく，そのような行動も保護者を理解する手がかりとする姿勢を保つこと[3]」と明記されている。つまり，共感や受容は「保護者が望むことをしてあげること」「社会的に受け入れられないことや非道徳的なことであっても，そのまま肯定すること」ではない。保護者の状況や語られた話を想像し，自分が同じ立場であればこう感じ，このようにするだろうと，時には保護者の意見と違っても，素直に伝えることが重要である。一貫して安定した保育士と話すことで，悩みや葛藤を抱え不安定になっている保護者は落ち着くことができる。くわえて，保育士の言葉で保護者は自身の課題に気づき，より深く自分の気持ちを考え，悩みや葛藤に向き合うことができる。

2．保育所の特性の活用

　保育所には，さまざまな専門性を有する職員が配置されている。そのため，さまざまな視点から保護者支援を実施することができ，保護者の養育力向上に寄与するとともに，困り事や相談事に対して適切に助言をすることが可能である。

何よりも，保育士は子どもの姿を一番近くで見ている存在である。時には，保護者も知らない子どもの姿をみることができる存在である。「以前よりも〇〇ができるようになりましたね」「□□が好きなんですね。とても集中して取り組んでいましたよ」など，保育のなかで知り得た子どもの成長や好きなことを保護者に伝え，保護者と交流するなかで，保護者と信頼関係を作り，保護者の心に寄り添うことが可能になる。子どもの成長や変化は保護者にとって嬉しい事であり，子育てや関わり方が間違っていなかったと感じ，保護者の自信に繋がるのである。

　また，保育所はさまざまな行事や親子の保育体験，保育参加などを通して保護者同士の交流の場になる場所である。障がいの程度や状態は違えど，同じ立場の保護者同士と知り合い，お互いの悩みや葛藤を語り合うことで，悩んでいたのは自分だけではなかったと安心感をえることができ，子どもに向き合っていくことができる。保育所は保護者の仲間づくりの場となり，保護者同士でお互いを支えあう機会が得られる場所である。

3．子どもの最善の利益への配慮

　保育士と保護者のお互いが望むことは，子どものよりよい成長や発達である。保育士は保育士の専門性をいかし子どもの保育を行い，保護者は悩みや葛藤を抱えながらも子どもに向き合い成長や発達を促していく。しかし，お互いの立場から子どもへの関わり方を考えた結果，意見が相違することがある。その際には，子どものために何が一番必要なのか，子どものよりよい成長や発達のためにどのようなことをしなければならないのかについて共通の視点に立って話し，考えを共有することが重要になるだろう。

　子どもの最善の利益を考えながら保護者の心に寄り添うことで，悩みや葛藤などにより不安定になっていた保護者が安定を取り戻し，子どもも穏やかに成長することができるだろう。

注

1) 厚生労働省編『保育所保育指針解説書』フレーベル館，2008年，pp. 19-20
2) マーシャル H. クラウス，ジョン H. ケネル著，竹内徹ほか訳『親と子のきずな』医学書院，1985年，p. 333
   Drotar, D., Baskiewicz, A., Irvin, N., Kennell, J. & Klaus, M. "The adaptation of parents to the birth of an infant with a congenital malformation: A hypothetical model" *Pediatrics* 56(5), 1975, pp. 710-717.
3) 厚生労働省編『保育所保育指針解説書』フレーベル館，2008年，p. 184

参考文献

安藤希代子監修『倉敷子育てハンドブックひとりじゃないよ』ペアレント・サポートすてっぷ，2013年

安藤希代子監修『倉敷子育てハンドブックひとりじゃないよ vol. 2』ペアレント・サポートすてっぷ，2015年

厚生労働省編『21世紀出生時縦断調査（平成13年出生児）』2004年

中田洋二郎『発達障害と家族支援—家族にとっての障害とはなにか』学習研究社，2009年

中田洋二郎『子どもの障害をどう受容するか—家族支援と援助者の役割—』大月書店，2002年

文部科学省編『子どもの育ちをめぐる現状等に関するデータ集』2008年

第11章

地域の専門機関等との連携および個別の支援計画の作成

第1節 保育所保育指針，幼稚園教育要領で述べられる専門機関との連携

1．「保育所保育指針」で述べられる専門機関との連携

　障がい児の支援にあたって地域の専門機関との連携はたいへん重要である。「保育所保育指針」では，「第4章保育の計画及び評価」のなかで「専門機関との連携を図り，必要に応じて助言等を得ること」と述べ，さらに「子どもの状況に応じた保育を実施する観点から，家庭や関係機関と連携した支援のための計画を個別に作成するなど適切な対応を図ること」としている。

　「第5章健康及び安全」においては，不適切な養育や感染症，食育等の内容について専門機関との連携の必要性を述べたうえで，施設長は「市町村の支援の下に，地域の関係機関等との日常的な連携を図り，必要な協力が得られるよう努めること」としている。続いて「第6章保護者に対する支援」では，保育所に入所している子どもの保護者に対する支援として「子どもに障害や発達上の課題が見られる場合には，市町村や関係機関と連携及び協力を図りつつ，保護者に対する個別の支援を行うよう努めること」としている。また，地域における子育て支援としても「市町村の支援を得て，地域の関係機関，団体等との積極的な連携及び協力を図る」とし，保育に支障のない限りにおいて相談や援

助，情報の提供等を行うように示されている。

さらに「第7章職員の資質向上」においても「職員一人一人が課題を持って主体的に学ぶとともに，他の職員や地域の関係機関など，さまざまな人や場との関わりのなかで共に学び合う環境を醸成していくこと」と述べられている。

このように「保育所保育指針」においては，多くの内容で地域の専門機関との連携について触れられており，その重要性が理解できると思う。

2．「幼稚園教育要領」で述べられる専門機関との連携

「幼稚園教育要領」では，「第3章第1指導計画の作成にあたっての留意事項」の「第3節特に留意する事項(2)」において「特別支援学校などの助言又は援助を活用しつつ，例えば指導についての計画又は家庭や医療，福祉などの業務を行う関係機関と連携した支援のための計画を個別に作成することなどにより，個々の幼児の障害の状態などに応じた指導内容や指導方法の工夫を計画的，組織的に行うこと」とされている。この文章と前出の「保育所保育指針」の記述と比較すると「家庭や関係機関と連携した支援のための計画を個別に作成する」という部分が共通していることがわかる。この計画は「個別の教育支援計画」とよばれる。また，「特別支援学校などの助言又は援助を活用」（センター的機能）や「指導についての計画（中略）を個別に作成する」（個別の指導計画）といった記述もみられる。まず，これらの内容からみていこう。

第2節　特別支援学校のセンター的機能と2つの個別計画

1．特別支援学校とセンター的機能

2007（平成19）年4月，「学校教育法」が改正され，わが国の障がい児教育は特別支援教育として新たなスタートを切った。視覚障がい教育を担当する盲学校，聴覚障がい教育を担当する聾学校，知的障がい，肢体不自由，病虚弱教育を担当する養護学校は，制度上はすべて「特別支援学校」という名称に統一

された。

　この特別支援学校には新たな役割が与えられた。「学校教育法」第 74 条に，特別支援学校は，各障がいの子どもたちのための教育を行うほか，「幼稚園，小学校，中学校，高等学校又は中等教育学校の要請に応じて，第 81 条第 1 項に規定する幼児，児童又は生徒の教育に関し必要な助言又は援助を行うよう努めるものとする」と述べられている。第 81 条第 1 項は，一般の幼稚園や小・中・高等学校に在籍する障がい児の教育について示されている項目であり，つまり特別支援学校は要請に基づいて，地域の幼稚園（保育所や認定こども園も含まれると考えてよい）や学校の支援を行うことが努力目標として法的に定められているのである。これにより多くの特別支援学校には「地域支援部」等の名称の部署が置かれ，特別支援教育コーディネーター等の支援を担当する教員が指名されている。

　この役割を地域の特別支援教育の「センター的機能」とよぶ。このことから特別支援学校は一番身近で頼りになる専門機関ということができる。

2．個別の指導計画

　前述の通り，「幼稚園教育要領」には支援をうけて作成する個別の計画として，2 つあげられている。名称が似ているが内容は異なるので，両者の違いを理解する必要がある。

　ひとつは個別の指導計画である。これは，障がいのある幼児一人ひとりについて，指導の目標や内容，配慮事項などを示したもので，主に園内で教職員の共通理解の下，きめ細やかな支援を行うために活用する。

　個別の指導計画については「保育所保育指針」では明確に触れられていないが，同解説では第 4 章に関わる説明のなかに項目を立てて，次のように述べられている。

> 　保育所では，障害のある子ども一人一人の実態を的確に把握し，安定した生活を送る中で，子どもが自己を十分に発揮できるよう見通しを持って保育することが必要です。そこで，必要に応じて個別の指導計画を作成し，クラス等の指導計画と関連づけておくことが大切です。その際には，障害の状態や生活や遊びに取り組む姿，活動への関心や参加の様子，さらには友達との関わりなどをていねいに把握して，クラス等の指導計画と個別の指導計画をどう関連させていくのか，環境構成や援助として特に何を配慮していくのかなど，具体的に見通すことが大事になります。また，計画に基づく支援が，長期的にどのような方向性をめざしていくのか，担当保育士をはじめ，看護師等や栄養士，嘱託医などが連携することが基本です。

　ここでは2つのポイントが指摘されている。ひとつは，園やクラスのさまざまな指導計画と個別の指導計画の関連である。集団と個を切り離して考えるのではなく，集団のなかでどのように個を伸ばしていくのか。また，個がいきいきと過ごせる環境をつくることで，クラス全体を集団としてどのようにまとめていくのか。そのような個と集団が共に成長する相乗効果をねらった実践が求められていると考えられる。

　もうひとつのポイントは，個別の指導計画が長期的な支援の方向性にどのように位置づくのか，という点である。この点については，次に述べる個別の教育支援計画との関連のなかで理解することができるだろう。

3．個別の教育支援計画

　「幼稚園教育要領」で取り上げられたもうひとつの個別の計画は，個別の教育支援計画である。

　この計画の根拠は2002（平成14）年に改正された「障害者基本法」で政府に

策定が義務付けられた「障害者基本計画」にある。同年12月に閣議決定された「障害者基本計画」の「三　分野別施策の基本的方向　4．教育・育成」に以下の記述がある。

「障害のある子どもの発達段階に応じて，関係機関が適切な役割分担の下に，一人一人のニーズに対応して適切な支援を行う計画（個別の支援計画）を策定して効果的な支援を行う。」

その後，ここで述べられた「個別の支援計画」の学齢期前後にかかわる部分を学校や教育委員会等の教育機関が策定する場合は「個別の教育支援計画」とよばれることになった。10年後の2012（平成24）年に新たに政府によって策定された「障害者基本計画」には以下の記述がある。

「可能な限り早期から成人に至るまで一貫した指導・支援ができるよう，子どもの成長記録や指導内容等に関する情報を，情報の取扱いに留意しながら，必要に応じて関係機関間で共有・活用するとともに，保護者の参画を得つつ，医療，保健，福祉，労働等との連携の下，個別の教育支援計画の策定・活用を促進する。」

以上のように，個別の教育支援計画は，障がいのある幼児に対し，長期的な視点に立って幼児期から学校卒業後までを見通した支援計画で，家庭や医療機関，保健・福祉機関などさまざまな専門機関と協力して作成されるものである。

個別の教育支援計画について「幼稚園教育要領解説」では，次のように記述している。

> 障害のある幼児については，幼稚園生活だけでなく家庭生活や地域での生活も含め，長期的な視点に立って幼児期から学校卒業後までの一貫した支援を行うことが重要である。このため，家庭や医療機関，福祉施設などの関係機関と連携し，様々な側面からの取組を示した計画（個別の教育支

> 援計画）を作成することなどが考えられる。これらのことは特別支援学校などで行われてきており，それらを参考とするなどして，それぞれの幼稚園や幼児の実態に応じた指導方法を工夫することが大切である。

また，「保育所保育指針解説書」においても，次のように記述されている。

> 　学校教育において，幼児期から学校卒業後まで一貫した支援を行うために，個別の教育支援計画の作成が進められている今日，保育所においても，市町村や地域の療育機関の支援を受けながら，長期的な見通しを持った支援のための個別の計画の作成が求められます。その際，各保育所においては，保護者や子どもの主治医，地域の専門機関など，子どもに関わる様々な人や機関と連携を図ることが重要です。こうした取組が小学校以降の個別の支援への連続性を持つことになります。

前出の個別の指導計画は，この個別の教育支援計画に基づいて作成されることになっている。それにより，個別の指導計画はその子どもの長期的な支援の方向性から外れることなく作られるのである。

個別の教育支援計画立案にあたっては関係する機関との連携が必須になる。

その内容については，次のような項目が考えられる。

(1) 学校生活への期待や成長への願い（本人から，保護者から）
(2) 現在の本人の様子（得意なこと，頑張っていること，不安なことほか）
(3) 支援の目標・内容（学校の指導・支援，家庭の支援）
(4) 支援機関による支援（学校，専門機関，地域の団体ほか）
(5) 支援会議の記録
(6) 成長の様子

(7) 次年度への引き継ぎ

　それぞれの計画の書式については，近隣の特別支援学校や各自治体で定めている場合があるので，確認する必要がある。

第3節　さまざまな専門機関との連携

　障がい児の支援に関わる専門機関を表11-1にまとめた。これらの名称は地域や自治体によって差異がある。また，似た名称でも機能や業務が異なることがある。保育者としては，この表を参考にご自身の地域の専門機関について整理し，相談や支援を依頼する方法を日頃から知っておくことが望ましい。

　まず初めに，表を参考にして各地域の専門機関の有無を確認する。各機関の名称と場所がわかったとしても，いざ訪問するとなると，まずどこに相談を持ち込むべきかの判断は難しいと考える。

　最初に訪ねるべきところをひとつあげるなら，市町村役場の子ども相談の窓口だろう。子ども相談の窓口は子どもに関するさまざまなニーズをもった住民が最初に訪れるところであり，地域における連携すべき専門機関についてもっとも詳しく把握している。所在地の行政機関のどの部署がこの役割を担っているのかを確認し，訪問して担当者と顔を合わせておくとよいだろう。

　障がい児について相談する場合は，市町村の相談窓口に確認したうえで，所在地を校区にする特別支援学校に相談することが望ましい。地域支援を担当する部署があり，特別支援教育コーディネーターが相談に乗ってくれることだろう。また，障がいの種類によっては他の特別支援学校を紹介してくれることも考えられる。学校が使用している個別の指導計画や個別の教育支援計画の様式も入手できるとよいだろう。

　また，市町村教育委員会の教育相談担当者や，就学に向けては就学相談担当者からも適切なアドバイスをもらえることがある。近隣に特別支援学校がない場合は，小中学校に併設される特別支援学級の担当教員が地域の状況に詳しい

表11−1　障がい児の支援にかかわる専門機関

機 関 名	主 な 役 割	障がいに関する連携事項
・保健所 （都道府県，政令指定都市，中核市，特別区等に設置） ・保健センター （市町村等に設置）	保健所は地域住民の健康の保持および増進のため，広域的・専門的，技術的拠点として業務を行う。保健センターは，住民に対し，健康相談，保健指導および健康診査等を行う。	保健所では医師，保健師，心理職等が中心となって発達相談や療育指導が行われる。保健センターでは，1歳6カ月児や3歳児健康診査等の乳幼児健診を行うほか，育児相談，親子教室，他機関等との連携を行う。
・児童相談所 （都道府県，政令指定都市，中核市に設置）	「児童福祉法」に基づく施設で市町村や特別区の後方支援に当たる。困難な事例に対応し，立入調査や一時保護，専門的な判定，福祉施設への入所措置等の支援を行う。	発達や療育に関わる相談や療育手帳の交付に伴う障がいの判定，施設への入所措置等の手続きを行う。ケースワーカー，医師，心理職等が対応する。
・市町村相談窓口 （名称は市町村で異なる）	2004年に改正された「児童福祉法」により，それまで児童相談所に集約されていた児童相談を市町村が対応するものと位置付けた。	子どもと家庭に関するあらゆる相談に応じ，必要な社会資源との接続を図りながら，適切に対応する。
・児童家庭支援センター （児童福祉施設に設置） ・子ども家庭支援センター （東京都の区市町村に設置）	名称が似ているが，前者は「児童福祉法」に基づき児童養護施設に設置された相談機関であり，後者は東京都が独自で実施する事業で児童相談や子育て支援を身近な地域において迅速に対応する。	前者も「児童福祉法」において「市町村の求めに応じ，技術的助言その他必要な援助を行う」と定められていることから，両者とも地域において児童相談所を補完する機能を有する相談機関となっている。
・福祉事務所 （都道府県，市町村，特別区等に設置） ・家庭児童相談室 （福祉事務所に設置）	「生活保護法」による保護の実施をはじめ，福祉の総合窓口として設置されている。家庭児童相談室は家庭児童の福祉に関する相談や指導業務の充実強化を図るために福祉事務所に設置される機関。	障がい児保育や特別児童扶養手当，ショートステイやホームヘルプ，日常生活用具などの給付手続きを行う。家庭児童相談室では社会福祉主事や家庭相談員などが相談，ケースワークを担当する。
・民生・児童委員 （主任児童委員）	厚生労働大臣の委嘱をうけて各地域に配置され，地域の福祉に関する相談に応じる。主任児童委員は民生・児童委員のなかから指名される。	主任児童委員は本来の業務のほかに福祉事務所や児童相談所等の関係機関と各地域を担当する民生・児童委員との連絡調整等を行っている。
・教育委員会 ・教育相談室（所） ・学校 ・大学	市町村や特別区の教育委員会には子どもの教育に関する相談窓口が置かれるか，教育相談室が設置されている。学校にはスクールカウンセラーが配置されている。保育教育系大学には専門の研究者がいる場合がある。	一般の教育相談のほか，障がい児に関しては，就学に向けた相談や支援を行う。学校において次年度新入生を対象とした就学時健康診断で障がいが発見される場合も多い。また障がい児を専門とする研究者も相談機関となる場合がある。
・医療機関	子どもの診察を通し障がいを発見する可能性が高い機関。	本人，保護者への心強い支援者となる場合もある。
・児童発達支援センター ・児童発達支援事業	2012年の「児童福祉法」改正により，これまでの障がい児通所施設は児童発達支援センターと児童発達支援事業に再編された。	センターは障がい児とその家族への相談支援機能と併せて障がい児を預かる保育所等への訪問支援機能も有する地域の中核的な療育施設となる。

出所）筆者作成

場合もある。

　現在具体的なケースがないから連携は後回しでいい，ということではない。ケースは突然やってくることがあり，保育所や幼稚園，認定こども園は，いつでも専門機関とつながることができるように準備する必要がある。

　まずは，つながるための第一歩を踏み出すことが重要である。各地域の保育所・幼稚園・認定こども園として，地元の障がい児にかかわる相談ネットワークを確認し，保育者同士で情報共有することが大切である。

参考文献

酒井幸子・田中康雄『発達が気になる子の個別の指導計画』学研教育出版，2013年
東京学芸大学特別支援プロジェクト編著『幼稚園・保育園等における手引書「個別の（教育）支援計画」の作成・活用』ジアース教育新社，2010年
七木田敦『保育そこが知りたい！気になる子Q&A』チャイルド本社，2008年
日本発達障害ネットワーク編『改訂版発達障害児のための支援制度ガイドブック』唯学書房，2015年

第12章 小学校等との連携

第1節 特別支援教育と障がい児保育

1．両者のちがい

　多くの子どもは，保育所・幼稚園（両方を合わせて，以下「園」）を経て，小学校に上がる。これを小学校への「就学」という。園における「障がい児保育」と，義務教育期の「特別支援教育」とは，そもそも何が違うのか？

　義務教育段階では，子どもは，その障がい種別や程度によって，さまざまな学校や学級等に就学することになっている。それが図12−1である[1]。一方，園では，障がいの種別や程度にかかわらず，ひとつの空間（保育室やクラス）で他児との一緒の生活が基本である。それゆえ，園では「加配制度：支援を要する子の園生活に，保育士あるいは補助教員や支援員（介助員）が個別に付く形」がある（もちろん，完全に1対1でないケースもある）。つまり，【特別支援教育→障がいに応じた学校や学級等がある】のに対し，【障がい児保育→他児と一緒の環境のなかに，大人が配慮して加わる】点で大きく異なる（もちろん，義務教育段階にも加配的な対応はある）。

　また，義務教育段階では近年，明確な障がい（診断）名のある子だけでなく，それが疑われる児童や一斉場面での困難がある子にも，「その子のニーズに合った教育」を行うようになった。「特殊教育」や「障害児教育」から「特

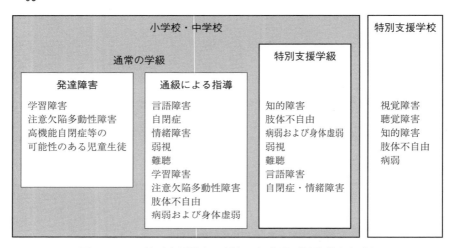

図12－1　特別支援教育の対象の概念図（義務教育段階）
出所）福岡県教育委員会『福岡県の特別支援教育』2014年, p.1

別支援教育」への転換で，サポート対象も広げた。2007（平成19）年度である。文部科学省の調査では，支援を要する児童生徒の割合は，通常学級にも約6.5％存在するとされていて，これだけ多様な支援を要する子どもが多くいる以上，園での生活は「就学までの子どもを預かり保育する」意味合いだけではなく，むしろ「小学校に上がった時点で授業に適応できる子を育てる」就学前支援体制の充実が求められており，学校との連携は今や不可欠となっている。

2．義務教育の学校の種類

　義務教育段階になると，どの学校や学級等に就学するのが適当なのかを，その子に応じて判断するために，「就学指導委員会（他にも名称はさまざまある）」が，各都道府県や市区町村に設置されている。その構成メンバーは，学識経験者・医師・教員・保健師・保育士・相談支援機関職員・教育委員会および行政職員等（順不同，メンバーは自治体により異なる）からなり，この専門職組織からなる会議（判定や審議とよぶ）によって，その子どもの就学先が判定される。た

だ地域によって判定がバラつき過ぎないよう，文部科学省が一定の基準を定めている。以下のような学校・学級等がある。

(1) 特別支援学校：(以前の盲・聾・養護学校)：障がい程度が比較的重度で，専門的な教育や指導環境を要するために設置された学校。小中高等部があり，なかには幼稚部や専攻科を有するところもある。

(2) 特別支援学級：(以前の障害児学級・特殊学級)：障がいの種別に対応して，特別な教育・指導を行うために，地元の小中学校に設置されている学級。

(3) 通級指導教室：通常学級に在籍しながら，それぞれの障がいに応じ，月〜週何回とおおむねの回数を決め，特別な指導を行う教室に通うもの。すべての学校に設置はされておらず，また言語通級・情緒通級等と指導内容が特定されているため，地域で設置される近隣の学校に当該児は通うことも多い。

(4) 通常学級（以前の普通学級）

等が判定される。

その文部科学省の基準が表12-1[2]である。また特別支援教育では，このような就学の「場所」に加え，通常学級籍の児童が特別支援学級を部分的に活用する，通称「取り出し」や，逆に特別支援学級の児童が通常学級で学習する「交流」等，就学の「形態」も積極的かつ柔軟で，個別なニーズに応じた教育サービスは多岐にわたる。

さらにもうひとつの特徴は，近年は就学指導委員会の判定意見（結果）よりも，保護者の意向や希望の方が強く加味される傾向になっている。特別支援教育へ転換したことに伴う，ひとつのメリットである。子どものことが身近でよくわかっていて，一番親身になっている保護者に，最終的な決定権があることは，ある意味理想的なことである。一方で，「何を規準に，自分たちがわが子の就学先を決めればいいのか…」と言う困惑の声もある。保護者にもわかりやすい支援づくりとフォローも今後の課題であろう。

表12—1 障がいの種類と程度及び教育の場

1 特別支援学校

視覚障害者、聴覚障害者、知的障害者、肢体不自由者又は病弱者(身体虚弱者を含む。)で、その障害が、学校教育法施行令第22条の3に規定する程度のもののうち、市町村の教育委員会が、その者の障害の状態、その者の教育上必要な支援の内容、地域における教育の体制の整備の状況その他の事情を勘案して、特別支援学校に就学させることが適当であると認める者を対象として、適切な教育を行うこと。

区 分	障害の程度
視覚障害者	両眼の視力がおおむね0.3未満のもの又は視力以外の視機能障害が高度のもののうち、拡大鏡等の使用によっても通常の文字、図形等の視覚による認識が不可能又は著しく困難な程度のもの
聴覚障害者	両耳の聴力レベルがおおむね60デシベル以上のもののうち、補聴器等の使用によっても通常の話声を解することが不可能又は著しく困難な程度のもの
知的障害者	一　知的発達の遅滞があり、他人との意思疎通が困難で日常生活を営むのに頻繁に援助を必要とする程度のもの 二　知的発達の遅滞の程度が前号に掲げる程度に達しないもののうち、社会生活への適応が著しく困難なもの
肢体不自由者	一　肢体不自由の状態が補装具の使用によっても歩行、筆記等日常生活における基本的な動作が不可能又は困難な程度のもの 二　肢体不自由の状態が前号に掲げる程度に達しないもののうち、常時の医学的観察指導を必要とする程度のもの
病弱者	一　慢性の呼吸器疾患、腎臓疾患及び神経疾患、悪性新生物その他の疾患の状態が継続して医療又は生活規制を必要とする程度のもの 二　身体虚弱の状態が継続して生活規制を必要とする程度のもの

2 特別支援学級

学校教育法第81条第2項の規定に基づき特別支援学級を置く場合には、以下の各号に掲げる障害の種類及び程度の児童生徒のうち、その者の障害の状態、その者の教育上必要な支援の内容、地域における教育の体制の整備の状況その他の事情を勘案して、特別支援学級において教育を受けることが適当であると認める者を対象として、適切な教育を行うこと。

種 類	程 度
知的障害者	知的発達の遅滞があり、他人との意思疎通に軽度の困難があり日常生活を営むのに一部援助が必要で、社会生活への適応が困難である程度のもの
肢体不自由者	補装具によっても歩行や筆記等日常生活における基本的な動作に軽度の困難がある程度のもの
病弱及び身体虚弱者	一　慢性の呼吸器疾患その他疾患の状態が持続的又は間欠的に医療又は生活の管理を必要とする程度のもの 二　身体虚弱の状態が持続的に生活の管理を必要とする程度のもの
弱視者	拡大鏡等の使用によっても通常の文字、図形等の視覚による認識が困難な程度のもの
難聴者	補聴器等の使用によっても通常の話声を解することが困難な程度のもの
言語障害者	口蓋裂、構音器官のまひ等器質的又は機能的な構音障害のある者、吃音等話し言葉におけるリズムの障害のある者、話す、聞く等言語機能の基礎

第12章 小学校等との連携

	的事項に発達の遅れがある者、その他これに準じる者（これらの障害が主として他の障害に起因するものでない者に限る。）で、その程度が著しいもの
自閉症・情緒障害者	一 自閉症又はそれに類するもので、他人との意思疎通及び対人関係の形成が困難である程度のもの 二 主として心理的な要因による選択性かん黙等があるもので、社会生活への適応が困難である程度のもの

3 通級による指導

学校教育法施行規則第140条及び第141条の規定に基づき通級による指導を行う場合には、以下の各号に掲げる障害の種類及び程度の児童生徒のうち、その者の障害の状態、その者の教育上必要な支援の内容、地域における教育の体制の整備の状況その他の事情を勘案して、通級による指導を受けることが適当であると認める者を対象として、適切な教育を行うこと。

種類	程度
言語障害者	口蓋裂、構音器官のまひ等器質的又は機能的な構音障害のある者、吃音等話し言葉におけるリズムの障害のある者、話す、聞く等言語機能の基礎的事項に発達の遅れがある者、その他これに準じる者（これらの障害が主として他の障害に起因するものでない者に限る。）で、通常の学級での学習におおむね参加でき、一部特別な指導を必要とする程度のもの
自閉症者	自閉症又はそれに類するもので、通常の学級での学習におおむね参加でき、一部特別な指導を必要とする程度のもの
情緒障害者	主として心理的な要因による選択性かん黙等があるもので、通常の学級での学習におおむね参加でき、一部特別な指導を必要とする程度のもの
弱視者	拡大鏡等の使用によっても通常の文字、図形等の視覚による認識が困難な程度の者で、通常の学級での学習におおむね参加でき、一部特別な指導を必要とするもの
難聴者	補聴器等の使用によっても通常の話声を解することが困難な程度の者で、通常の学級での学習におおむね参加でき、一部特別な指導を必要とするもの
学習障害者	全般的な知的発達に遅れはないが、聞く、話す、読む、書く、計算する又は推論する能力のうち特定のものの習得と使用に著しい困難を示すもので、一部特別な指導を必要とする程度のもの
注意欠陥多動性障害者	年齢又は発達に不釣り合いな注意力、又は衝動性・多動性が認められ、社会的な活動や学業の機能に支障をきたすもので、一部特別な指導を必要とする程度のもの
肢体不自由者病弱及び身体虚弱者	肢体不自由、病弱又は身体虚弱の程度が、通常の学級での学習におおむね参加でき、一部特別な指導を必要とする程度もの

出所）「平成25年10月4日付 25文科初第756号初等中等教育局長通知」より

3．お互いの仕事を知ることが重要

　義務教育段階での，多様な場所・形態の支援に対し，障がい児保育では，他児と同じ環境で生活する点が，両者の大きな違いである。このように同じ子ども，そして同じ障がい特性をサポートしていても，園と小学校（義務教育）とは，そのうける体制や仕組みが大きく異なる。その点を理解できると連携はうまく図れる……つまり連携や情報共有は当然重要だが，「園での加配制度を中心とした体制」と「小学校での，児童の状態に応じた場所とメニューを用意する体制」とでは，園が「伝えたいこと」と，学校が「知りたいこと」とは噛み合わないことも少なくない。

　園の側のこれまでの取り組みを，小学校側のニーズに変換し，「伝えたいこと」として情報共有しなければならない。実はここが，園と小学校との連携の一番のポイントであり，難しさでもある。連携の第一歩として，「小学校の特別支援教育の考え方や体制を知らずして，園からの連携は始まらない」といっても過言ではない。

第2節　連携の仕方について

1．連携のための引き継ぎとは？

　特別支援教育がスタートして約10年の間に，各ライフステージ（母子保健→園→義務教育→高校等→就労等）の「途切れない支援」も強調されるようになった。よろこばしい流れであるが，前述のように子どものライフステージにかかわる機関は，その考え方や体制もかなり異なり，情報共有や連携はそれほど簡単ではない。また，個々の引き継ぎや連絡会議では，形だけに終わりがちな実態も少なくない。そこで，いくつかの自治体（市区町村）が実践しはじめたのが，「特別支援教育連携協議会（他に名称はさまざまある）」である。主に，2〜3層の連携会議・引き継ぎ体制になっている。

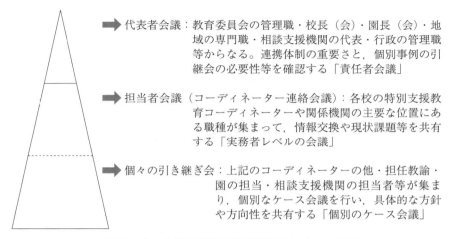

図12-2　特別支援教育連携協議会のイメージ図

2．特別支援教育連携協議会のイメージ図

図12-2では，特別支援教育連携協議会の3層からなるイメージを示している。

特にポイントは，3層目の「個々の引き継ぎ会（以下，「引継会」）」である。引継会の多くは，個々の子どもを実名（もしくはイニシャル）で，ひとりずつを事例検討し，今後の支援方針を決めて共有するのが原則である。

3．引継会の進め方

以下，進め方の一例である。

(1) 医療機関や地域の相談支援機関にかかっていた子どもの場合は，まず診断・障がい名，発達の状況や特性，言動上の留意点，場合によって家族状況等が伝えられる。そこで，客観的に大まかな子ども像を共有する。ここでしっかりした見立て（査定とかアセスメントという）ができる専門機関ほど，引継会と後のフォローがうまく機能する。

(2) このような専門機関にかかっていないケースもある。この場合も，アド

バイザーの役割として引継会に参加してもらい，他の機関の情報交換に関与・助言等をもらう。

(3) 次に，園から「これまでの取り組みや対応について」の報告になる。仮に，その子について個別支援・指導計画が作成されていれば，それを簡潔化した資料を配布するとメンバー全員の理解が深まる。個別支援・指導計画が作成されていない場合も，「園での保育上のポイント」「そのために具体的にやってきたこと」「その結果，子どもに現れた変化等」はまとめて資料にした方がよい。前述のように「伝えたいこと」と「知りたいこと」が異なっていると，口述伝達だけでの引継会は難しく，必ず文書等の資料を併用し，直接顔を合わせて引き継ぎをすることが重要である。

(4) そして，学校側から就学にかかる経過の説明や，園への質問，確認事項となる。学校が教育委員会の場合もある。「適正な就学先の学校や学級等はどこか？」や，就学が決まった経緯にもよるが，学校側は，「どんな症状や言動があって，どの点に苦労して対応してきたか？」や，「本来，どの学校や学級等に在籍するのが適切な状態なのか？」，また「クラスで教えた方がよいこと。教材等の参考は？」，そして「保護者との関係での留意点」等，確認したいことが多い。無理のない範囲で，「わかること・体験してきたこと」を，具体的にしっかり答えた方がよい。反対に，「自分はこんなに努力してきました！」とか「こんなところが問題だった！」と情緒的・感情的な議論は，引継会を冷めさせる…あくまでも「こんな特徴のあった子どもが，このやり方やかかわり方を用いたら，このように変化した」とか「これからの課題はこのような点だ」等，学校側の知りたいことを意識し，子どもの成長発達と大人の役割を主題に情報共有に努めた方がよい。

(5) 最後に，医療機関や地域の相談支援機関がまとめをして引継会を終えることが多いが，今後のフォローとして，以降も電話連絡等が気軽にでき

る体制は作っておくべきである。

4．引き継ぎの注意点

他方，自治体によって，この連携協議会や引継会自体がないところもある。この場合でも，手紙や電話だけで情報共有を済ませるのは危険と考えた方がよい。できる限り，園長⇄校長の連絡体制のもと，直接話し合う「顔の見える連携」に心がけるのがもうひとつのポイントである。

第3節　連携上，気を付けるもうひとつのポイント

1．年齢や発達段階によってあらわれ方は異なることがある

図12−3−①は，いわゆる「形の見え方」の特性を説明したものである。

この全形図は，○と△と□が集まってできているとみることができるのが，もっとも認知上都合がよい。そうすると，この一見複雑な図形も，頭のなかでいったん○・△・□と分解して，再度つなぎ合わせることで，模写も簡単にできる。選択的注意ともいわれるが，ほとんど無意識に過去の経験から「よいまとまり」を見て組み立てるからできる，実は「脳の高等作業」である。

一例だが，多動傾向があったり注意集中の弱い園児のなかには，この形が図

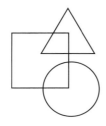
図12−3−①　○・△・□の複合図

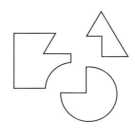
図12−3−②　複合図がうまく見られないときの見え方

12-3-②の集まりのように見え，うまく模写ができず，できても大変時間がかかるうえに，とても下手な仕上がりで終わる。じっくり見て集中して描くのが苦手なことも原因であろうが，この子どもが小学校に上がり，落ち着きや注意集中がそれなりに収まってきても，こういった複雑な模書写が苦手なケースがある。

2．園での特性が姿を変えて学校であらわれることもある

　つまり，模写の苦手さが，注意欠陥多動性障がい（ADHD）的な集中力のなさが原因と思っていたら，実は「よいまとまり」をうまくみることができていなかった（視知覚認知障がいという）ことに原因があったり，図形を頭のなかでうまく分解⇌統合できない（構成力障がいという）ことが原因にあったりする。すなわち，園では落ち着きや集中力で問題となっていた子が，小学校では字を読んだり書いたり，図形や数概念を扱うこと，つまり「学習障がい（LD）・特異的発達障がい（SDD）」と称する症状が前面に出てくることになる。これは病気（症状）や障がいが変化したというよりも，子どもの根っこのもともとの特性は同様でも，年齢や発達段階でそのあらわれ方が異なると考えた方がよい。臨床的にも ADHD と LD の併発例はけっして少なくない。

3．見通しをもって引き継ぐことの重要性

　そこで，連携上気をつけなければならないのは，本来の特性は同じでも，年齢や発達段階で症状や問題は異なったあらわれ方になることもある。つまり診断的には別の呼び名になることもある。この点の理解は重要である。

　今回の例ならば，「園がいっていた落ち着きのなさは，そんなにひどくない。それよりも，形や字をうまく書けないことになぜ気がついてなかったのか？」と，不信を招く結果になることもある。もちろん小学校側も「ADHD 的な引き継ぎをうけた時は，低学年中に LD が出る可能性も疑っておく…」ような連携上の素養も不可欠である。ただ園側も，引継会で「園では ADHD 的だった

が，今後，読む・書く・算数などに落ち込みが出るかも知れません」と，少し述べておけば，引継会の質は向上する。

「園で気になった症状や言動が，年齢と共にどんなあらわれ方をすることがあるか？」を，視野に入れて情報共有することも，小学校との連携上，さらに重要なポイントであるといえる。

―― 注 ――
1）文部科学省「第1章特別支援教育：平成25年10月4日付同省初発756号初等中等教育局長通知」福岡県教育委員会資料，2014（平成26）年，p.1
2）文部科学省「教育支援の手引き：平成25年10月4日付同省初発756号初等中等教育長通知」岐阜県教育委員会資料，2014（平成26）年，pp.5-6

―― 参考文献 ――
上野一彦監修『U-CANの発達障害の子の保育・さいしょの一冊』U-CAN自由国民社，2013年
橋本創一ほか編著『知的・発達障害のある子の「インクルーシブ保育」実践プログラム』福村出版，2012年
文部科学省「第1章特別支援教育：平成25年10月4日付同省初発756号初等中等教育局長通知」福岡県教育委員会資料，2014年
吉川悟編『システム論からみた援助組織の協働―組織のメタアセスメント』金剛出版，2009年

第13章
保健・医療における現状と課題

　近年，発達障がいの概念が普及したことにより，保育現場でもいわゆる「気になる子ども」とよばれる，保育に困難を有する子どもたちの存在が増加している。また，新生児医療や救命救急技術の進歩により，従来の医療では生命に危険が及ぶ状況であった重症児も医療的支援によって日常生活を送ることができるようになってきた。そのため，特別な支援を要する子どもたちも多様化している。この章では，そうした子どもたちの支援を担う保健機関，医療機関の現状と課題について考える。

第1節　保健機関の役割と現状

1．母子保健制度の変遷とその役割

　母子保健行政の骨格ができあがったのは，「保健所法」と「母子保護法」が公布された1937（昭和12）年である。翌1938（昭和13）年，厚生省が創設され，厚生省—保健所という一貫した行政システムのなかに母子保健が組み込まれたことにより，乳幼児一斉健康診査が開始された。また，1942（昭和17）年には現在の「母子健康手帳制度」の前進である「妊産婦手帳制度」が導入されるとともに，各種母子保健サービスが整備された。

　昭和30年代に入ると，障がい児の早期発見と早期診断への関心が高まり，

1961（昭和36）年には，3歳児健康診査と新生児訪問指導の実施が全国的に始まり，1965（昭和40）年の「母子保健法」公布により，乳幼児健康診査が法的に義務づけられた。また，1歳6カ月児健康診査および先天性代謝異常等検査も1977（昭和52）年に法制化され，1979（昭和53）年からは先天性甲状腺機能低下症（クレチン症）のマス・スクリーニング検査が追加された。さらに，2005（平成17）年施行の「発達障害者支援法」により，乳幼児健康診査には，発達障がいの早期発見も求められるようになった。

2．障がい児に関連する保健施策の現状

障がい児に関連する基本的な保健施策として，乳幼児健康診査，保健指導，健康教育，医療費の補助などがあげられる。そのなかでも，障がいを早期発見し療育に繋ぐことのできる重要な施策は乳幼児健康診査制度である。

(1) 乳幼児健康診査「母子保健法第12条，第13条」

乳幼児健康診査は，乳幼児の健康の保持増進，疾病などの早期発見および養育者の育児支援のため市町村が実施している行政事業である。この検診には，発達障がい児の早期発見と児童虐待の早期発見および予防の役割も期待されている。主な健康診査項目は表13-1のとおりである。

(2) 新生児聴覚スクリーニング検査

新生児聴覚スクリーニング検査は，聴覚障がいを早期に発見し，できるだけ早い段階で適切な措置を講じるため市町村が実施している。睡眠中の新生児に35dB（デシベル）の音を聞かせ，その刺激に反応して起こる脳波の変化をコンピューターが判断して，音に対する反応の有無を検査する。検査の結果，異常の疑いがある場合には専門医療機関において精密検査が行われ，異常が認められた場合には療育施設などにおいて補聴器の装用指導も含めた療育指導が実施される。

(3) 先天性代謝異常等検査（新生児マス・スクリーニング検査）

生後1週間前後の新生児の血液を採取して検査を行う。先天性代謝異常症な

表13-1　健康診査項目

乳児健康診査	1歳6カ月児・3歳児健康診査
・身体発育状況と体つきの評価 ・精神運動機能発達状況 ・栄養状態 ・身体各部位の疾病異常の有無 ・四肢の運動障害の有無 ・予防接種実施状況 ・育児上問題となる心身の状態の有無（虐待を疑われる所見） ・生活習慣	・身体発育状況と体つきの評価 ・精神運動機能発達状況 ・栄養状態 ・身体各部位の疾病異常の有無 ・視聴覚の異常の有無 ・言語障害の有無 ・情緒面の障害の有無 ・歯科（歯，口腔内の異常の有無） ・予防接種 ・事故による傷害 ・育児上問題となる心身の状態 ・生活習慣としつけの問題の有無 ・養育上問題となる心身の状態の有無 ・社会性の発達状況

出所）高野陽ほか編『母子保健マニュアル　改定7版』南山堂，2010年より作成

どの子どもを早期に発見することで，適切な栄養法や薬剤投与により発病を予防するとともに，治療することも可能になった。また，小児慢性特定疾患治療研究事業により，公費負担で治療をうけることができる。対象疾患は以下のとおりである。

① フェニルケトン尿症

② メープルシロップ尿症

③ ホモシスチン尿症

④ ガラクトース血症

⑤ 先天性副腎過形成症

⑥ 先天性甲状腺機能低下症（クレチン症）

たとえば，フェニルケトン尿症はアミノ酸を分解する酵素が生まれつき欠損しているため，体内にフェニルアラニンが過剰に蓄積する疾患である。蓄積したフェニルアラニンにより中枢神経障がいなどを発症するが，フェニルアラニ

ンを制限したミルクを早期から与えることで，予防が可能となる。

3．障がい児の就学支援

　障がいのある子どもの就学問題は，保護者にとって大きな問題である。文部科学省は2013（平成25）年に「学校教育法施行令」の一部改正を行った。これは，中央教育審議会初等中等教育分科会報告「共生社会の形成に向けたインクルーシブ教育システム構築のための特別支援教育の推進」における提言に基づいたものである。

　従来は，就学認定基準により障がいがあると判定された子どもは，原則として特別支援学校に就学することになっていた。そして，一般の小・中学校と特別支援学校のどちらに就学するかを判定するのが市町村教育委員会であった。しかし，一般の学校への入学を希望する保護者も多く，就学先に関して保護者と教育委員会との間でトラブルになることも少なくなかった。このため文部科学省は2002（平成14）年，障がいのある子どもは特別支援学校に就学するという原則を維持しながらも，受け入れ態勢が整っているなど特別の事情がある場合は，「認定就学者」として一般の小・中学校に入学できることを制度上，明確化していた。

　それに続く今回の改正は，障がいのある子どもは特別支援学校に就学するという原則を改め，子ども一人ひとりの障がいの状況など総合的な観点から就学先を決定するという仕組みに変更した。これにより小学校または中学校における「認定就学者」の制度は廃止され，代わりに特別支援学校に就学する子どもが「認定特別支援学校就学者」となった。

　就学に向けて満5歳になると，市町村教育委員会による保護者および専門家からの意見聴取が行われる。従来この意見聴取は障がい児が小学校または特別支援学校小学部へ新入学する場合に行うこととされていたが，小学校から特別支援学校中学部への進学時などにも行うよう変更された。

第2節　医療機関の役割と現状

1．障がいの診断と告知

　障がいは，医療機関による出生前診断や，出生直後の検査により診断されるだけでなく，成長の過程で診断されることも少なくない。保健機関での健康診査により発達の遅れなどが疑われ医療機関を受診した場合や，子どもの発達に遅れがあるかもしれないと心配した保護者が，自発的に医療機関を受診した場合などがこれにあたる。医療機関は，そうした子どもたちに対し，さまざまな検査を経て医学的な見地から診断を行う。そして，障がいが発見された場合には，保護者の気持ちを考慮に入れたうえで告知を行うことになる。さらに医療機関は，告知と同時に将来への見通しや助言を行うとともに，保護者が適切な療育と相談をうけることのできる機関の紹介も行っている。

2．障がい児のリハビリテーション

　リハビリテーションとは，本人が自分の能力を伸ばし，これを活用し，主体性，自立性，選択性をもって生活できるように支援することである。特に，さまざまな社会的な状況のなかで自分のニーズを満たし，一人ひとりにとって可能なもっとも豊かな社会参加を実現する権利を行使する力，すなわち社会生活力を高める視点からの支援が重要となる。そこで，医療機関は，障がい児のQOL（生活の質）向上を目指して，リハビリテーションプログラムを行っている。

　身体障がい児に対する医学的リハビリテーションを例にとると，参加する職種は十指に余り，医師をはじめとして，看護師，保健師，理学療法士，作業療法士，言語聴覚士，義肢装具士，介護福祉士，ソーシャルワーカー，臨床心理士，レクリエーションリーダー，教師などが加わることもある。これらの専門家が医師をリーダーとして対象児を中心とするチームを編成し，個々の対象児ごとにつくられた個別的な目標とプログラムにしたがって，チームアプローチ

によるリハビリテーション医療を行っている医療機関もある。

3．医療的ケアの必要な子ども

「児童福祉法」では，重度の肢体不自由と重度の知的障がいとが重複した状態を重症心身障がいといい，その状態にある子どもを重症心身障がい児とよぶ。これは，医学的な診断名ではなく，大島の分類（図13-1）を判断基準とするのが一般的であり，重症心身障がいは，その1〜4に相当する。重症心身障がい児のなかには医療的ケアを必要とする子どもたちもおり，そのケアは固定的なものではなく，二次障がいにより重度化するなど，新たな医療的ケアが必要となることも少なくない。人工呼吸器管理など継続的に高度な医療的ケアや常時の観察を要するなど，病状が急変しやすい状態を超重症児，準超重症児とよぶようになっている。

近年の周産期医療や新生児医療の進歩によって，新生児死亡率が大きく低下した一方で，重篤な医療的ケアを必要とする重症心身障がい児が増えている。これまでは医師，看護師および家族にしか認められていなかった医療的ケアが，2012（平成24）年の「介護保険法」改正に伴い，介護職員，特別支援学校教員で一定の研修を修了して認証された場合に限って行うことができるようになった。実施できる医療的ケアは以下に示すとおりであり，これらは特定行為

					知能指数 80	
21	22	23	24	25	70	境界
20	13	14	15	16	50	軽度
19	12	7	8	9	35	中度
18	11	6	3	4	20	重度
17	10	5	2	1		最重度
運動機能	走れる	歩ける	歩行障害	座れる	寝たきり	

図13－1　大島の分類図

出所）大島良一「重症心身障害児の基本的問題」『公衆衛生』35，医学書院，1971年，p.648

とされている。
① 口腔内の喀痰吸引
② 鼻腔内の喀痰吸引
③ 気管カニューレ内の喀痰吸引
④ 胃ろうまたは腸ろうによる経管栄養
⑤ 経鼻経管栄養

第3節　保健・医療の課題

1．連携および協働システムの構築

　障がい児保育における支援は，保育所や幼稚園のなかだけでなく，地域に広げていく必要がある。たとえば，保健センター，療育センター，特別支援学校，児童相談所，子育て支援センター，教育センター，医療機関などが連携をとることである。また，保育者だけでなく，保健師，医師，心理士，作業療法士，理学療法士，言語聴覚士などの専門家との横の連携が必要である。そして，横の連携として保護者も含め多職種で話し合い，支援についての共通方針を理解することが大切である。
　さらに，前年度あるいは次年度と繋げてしっかりと支援を受け継ぐという時間軸を超えた縦の連携をすることで，一生を通じて継続的な支援が可能になる。そのため，このような縦・横の連携および協働システムの構築がこれからの障がい児保育における課題である。

2．医療的ケアシステムの構築

　重症心身障がい児で，日常的に医療的ケアが必要となる場合は，医療による対応が中心にならざるを得ない。特に，超重症児あるいは準超重症児といわれる医療的ケアが必要な子どもたちも増えてきており，医療の役割はさらに重要になってきている。NICU（新生児集中管理室）などから在宅生活への移行やそ

の後の在宅生活の継続などを想定し，いかに生活の幅を作り家族の負担を軽減していくことができるかという福祉的ケアの観点も求められている。今後，この医療と福祉の連携をどのように進めていくのかについて検討していく必要がある。

2012（平成24）年の「介護保険法」改正に伴い，介護職や特別支援学校の教員に医療的ケアの実施が合法化された。しかし医療的ケアを，対象児童生徒を指導する全教員に義務化した自治体もあれば，看護師に任せる方が安心であると考える自治体もあり，対応にはばらつきがある。今後，医療的ケアの研修の充実を図るとともに，実施できる介護職員や教員を増やしていく必要がある。そして，安全で適切な医療的ケアが実施され，障がい児とその家族が地域社会で安心して暮らせる体制づくりが課題である。さらに，障がい児保育においては，保育士が医療的ケアについての知識をもち，特別支援学校の教員のように，医療的ケアの実施を担う体制を確立していかなければならない。近い将来，特別支援学校での医療的ケアのシステムが確立してきたように，医療的ケアが必要な子どもたちの受け入れができる保育所の整備も求められる。

3．専門家の育成

地域の小中学校や特別支援学校には，特別支援教育コーディネーターが存在するが，残念ながら保育現場にはそうした人材の配置はない。乳幼児期は保護者も精神的に不安を抱えており，子どもにとっても特に大切な時期であるため，その支援を可能にする早期療育の専門家を育成する必要がある。そして，この専門家が障がい児の家族への支援やカウンセリング，家庭での基本的な支援方法の伝授，保護者同士が交流する場の設定などを行う。また，多職種による支援会議の開催など，保護者と保健機関，医療機関，福祉機関を繋ぐことで，一貫した支援方針の設定が可能になる。そのため，早期療育の専門家の育成が望まれる。

参考文献

巷野悟郎ほか編『改訂保育の中の保健』萌文書林，2010 年
佐藤益子編著『子どもの保健Ｉ』ななみ書房，2014 年
全国児童発達支援協議会編『発達支援学：その理論と実践』協同医書出版社，2011 年
空田朋子「保育所における医療的ケアが必要な子どもに対する支援の実態と保育所看護職の認識」『山口県立大学学術情報』第 7 号，2014 年
八木慎一「普通学校における医療的ケアの必要な子どもへの教育をめぐる問題の生成」『立命館人間科学研究』第 29 巻，2014 年

第14章 福祉・教育における現状と課題

第1節 福祉における現状

1. 児童福祉法

　「児童福祉法」は第2章において「福祉の保障」を定めている。障がい児に関する規定としては，第1節で療育の指導等，第2節では居宅生活の支援（障害児通所給付費・特例障害児通所給付費・高額障害児通所給付費の支給，指定障害児通所支援事業者，業務管理体制の整備等，肢体不自由児通所医療費の支給，障害児通所支援及び障害福祉サービスの措置），第4節で障害児入所給付費・高額障害児入所給付費・特定入所障害児食費等給付費・障害児入所医療費の支給（障害児入所給付費・高額障害児入所給付費・特定入所障害児食費等給付費の支給，指定障害児入所施設等，業務管理体制の整備等，障害児入所医療費の支給，障害児入所給付費・高額障害児入所給付費・特定入所障害児食費等給付費・障害児入所医療費の支給の特例），第5節で障害児相談支援給付費及び特例障害児相談支援給付費の支給（障害児相談支援給付費・特例障害児相談支援給付費の支給，指定障害児相談支援事業者，業務管理体制の整備等）がある。

　障がい児の施設・事業に関しては，障害児通所支援事業等・障害児入所施設・児童発達支援センターについて規定している。都道府県は，障害児通所支援事業又は障害児相談支援事業（障害児通所支援事業等）を行うことができる

(第34条の3)。国・都道府県以外の者も厚生労働省令で定める事項を都道府県知事に届け出て障害児通所支援事業等を行うことができる（同条第2項）。障害児入所施設は，次の各号の区分に応じ，障がい児を入所させて，各号に定める支援を行うことを目的とする施設である（第42条）。福祉型障害児入所施設は，保護，日常生活の指導及び独立自活に必要な知識技能の付与を行う（第1号）。医療型障害児入所施設は，保護，日常生活の指導，独立自活に必要な知識技能の付与及び治療を行う（第2号）。児童発達支援センターは，障害児を日々保護者の下から通わせて，当該各号に定める支援を提供することを目的とする施設である（第43条）。福祉型児童発達支援センターは，日常生活における基本的動作の指導，独立自活に必要な知識技能の付与又は集団生活への適応のための訓練を行う（第1号）。医療型児童発達支援センターは，日常生活における基本的動作の指導，独立自活に必要な知識技能の付与又は集団生活への適応のための訓練及び治療を行う（第2号）。

「児童福祉法」は2014（平成26）年に一部改正され，狭義の障がい児のほか，難病（小児慢性特定疾病）の児童に関する規定が設けられ，2015（平成27）年1月に施行された。すなわち「都道府県は，厚生労働大臣が定める慢性疾患にかかつていることにより長期にわたり療養を必要とする児童（略）であつて，当該疾患の状態が当該疾患ごとに厚生労働大臣が定める程度であるものの健全な育成を図るため，当該疾患の治療方法に関する研究その他必要な研究に資する医療の給付その他の政令で定める事業を行うことができる」とされた（第21条の5）。公平かつ安定的な医療費助成の制度の確立を目的としている。

2．障害者基本計画（第3次）

2013（平成25）年9月に策定された障害者基本計画（第3次）の「障害児支援の充実」の項目で次のように定めている（一部略）。

- 障害児やその家族を含め，全ての子どもや子育て家庭を対象として，身近な地域において，「子ども・子育て支援法」に基づく給付その他の支援を

可能な限り講じるとともに，障がい児が円滑に同法に基づく教育・保育等を利用できるようにするために必要な支援を行う。
- 障害児を受け入れる保育所のバリアフリー化の促進，障害児保育を担当する保育士の専門性向上を図るための研修の実施等により，障害児の保育所での受入れを促進するとともに，幼稚園における特別支援教育体制の整備を図るため，公立幼稚園における特別支援教育支援員の配置等を推進する。
- 障害児の発達を支援する観点から，障害児及びその家族に対して，乳幼児期から学校卒業後まで一貫した効果的な支援を地域の身近な場所で提供する体制の構築を図り，療育方法等に関する情報提供やカウンセリング等の支援を行う。
- 「児童福祉法」に基づき，障害児に対して指導訓練等の支援を行う児童発達支援等を提供するとともに，「障害者総合支援法」に基づき，居宅介護，短期入所，障害児を一時的に預かって見守る日中一時支援等を提供し，障害児が身近な地域で必要な支援をうけられる体制の充実を図る。また，障害児の発達段階に応じて，保育所等訪問支援及び放課後等デイサービス等の適切な支援を提供する。
- 障害児について情報提供や相談支援等によりその家庭や家族を支援するとともに，在宅で生活する重症心身障害児（者）について，短期入所や居宅介護，児童発達支援等，在宅支援の充実を図る。
- 児童発達支援センター及び障害児入所施設について，障害の重度化・重複化や多様化を踏まえ，その専門的機能の強化を図るとともに，これらの機関を地域における中核的支援施設と位置付け，地域や障害児の多様なニーズに対応する療育機関としての役割を担うため，必要な施設整備も含めて体制整備を図る。

3. 手当制度

　特別児童扶養手当は，精神または身体に障がいを有する児童について手当を支給することにより，これらの児童の福祉の増進を図ることを目的にしている。20歳未満で精神または身体に障がいを有する児童を家庭で監護・養育している父母等に支給される。2015（平成27）年度の支給月額は1級51,100円・2級34,030円である。受給者もしくはその配偶者または扶養義務者の前年の所得が一定の額以上であるときは支給されない。

　障害児福祉手当は，重度障がい児に対して，その障がいのため必要となる精神的，物質的な特別の負担の軽減の一助として手当を支給することにより，重度障がい児の福祉の向上を図ることを目的としている。精神または身体に重度の障がいを有するため，日常生活において常時の介護を必要とする状態にある在宅の20歳未満の者に支給される。支給月額は14,480円である（2015（平成27）年5月現在）。

第2節　教育における現状

1. 特別支援教育

　2001（平成13）年，文部科学省は障がい児に関する教育を「特殊教育」から「特別支援教育」と名称を改めた。特別支援教育の分野では，2007（平成19）年には「学校教育法等の一部を改正する法律」により，これまで視覚障がい，聴覚障がい，肢体不自由・知的障がい・病弱ごとにそれぞれ盲学校，聾学校，養護学校と分かれていた諸学校が特別支援学校になった。このとき法令上の「特殊教育」という表現が「特別支援教育」に全面的に改められた。

2. 「学校教育法」

　特別支援学校は，視覚障がい者，聴覚障がい者，知的障がい者，肢体不自由者又は病弱者（身体虚弱者を含む）に対して，幼稚園，小学校，中学校又は高等

学校に準ずる教育を施すとともに，障がいによる学習上又は生活上の困難を克服し自立を図るために必要な知識技能を授けることを目的としている（「学校教育法」第72条）。特別支援学校には小学部及び中学部を置かれるが，このほか幼稚部又は高等部を置くことができる（同法第76条）。また，小学校，中学校，高等学校及び中等教育学校には，知的障がい・肢体不自由・身体虚弱・弱視・難聴その他障がいのある者のため，特別支援学級を置くことができる（同法第81条）。

3．「特別支援学校幼稚部教育要領」

「特別支援学校幼稚部教育要領」の第1章　総則の第2「幼稚部における教育の目標」では「幼稚部では，家庭との連携を図りながら，幼児の障害の状態や発達の程度を考慮し，幼稚部における教育の基本に基づいて展開される学校生活を通して，生きる力の基礎を育成するよう目標の達成に努めなければならない」と定め，目標として，①「学校教育法」第23条に規定する幼稚園教育の目標　②障がいによる学習上又は生活上の困難を改善・克服し自立を図るために必要な態度や習慣などを育て，心身の調和的発達の基盤を培うようにすること，の2つをあげている。

4．行政の施策

2015（平成27）年度の文部科学省関係予算では特別支援教育の充実（自立・社会参加の加速化）として145億円が計上されている。文部科学省は「インクルーシブ教育システム構築のための特別支援教育の推進について，障害のある児童生徒等の自立と社会参加の加速化に向けた取組の充実を図り，障害のある児童生徒等が十分な教育を受けられる環境を構築する」としている。具体的には，①特別支援教育に関する教職員等の資質向上事業に3億円（指導者養成講習会等の実施を27カ所，免許状取得促進セミナーの開催を6カ所），②発達障がいの可能性のある児童生徒等に対する支援事業に6億円（発達障がいの可能性のある

児童生徒等の系統性のある支援研究事業15カ所（学校間連携コーディネーター約45人）），③学校における交流および共同学習を通じた障がい者理解（心のバリアフリー）の推進25カ所に1億円，④特別支援教育就学奨励費負担等（特別支援学校高等部の生徒の通学費，学用品費の支援拡充等）に116億円がそれぞれ計上されている。

第3節　福祉・教育における課題

1．福祉における課題

　障がい児に関する福祉においては，障がいを早期に発見し早期の療育に結び付けていくことが重要である。また，障がいの発生防止を図ったり，治療可能な障がいについては積極的な医療行為によって除去・軽減を図っていくことが求められる。

　障がい児が生まれ育った家庭や地域で生活を続けるためには，適切な療育をうけることができることと在宅福祉サービスが充実していることの2つが求められる。障がいがあることに伴う経済的負担の軽減のための手当や税の軽減制度の拡充も求められる。また，治療や訓練を積極的に行ったり重度の障がいのため家庭での生活が困難な障がい児のために施設サービスも欠かすことができない。施設に入所している児童の処遇改善も求められる。

　2012（平成24）年4月施行の「児童福祉法」改正では保育所等訪問支援が創設された。保育所等を利用中の障がい児や今後利用する予定の障がい児が集団生活に適応するため，専門的な支援が必要な場合にこのサービスの提供によって保育所等を安定して利用することを促進することができる。保育所や児童が集団生活を営む施設に通う障がい児で「集団生活への適応度」から支援の必要性が判断される。発達障がい児などが対象である。集団生活を営む施設を訪問して，その施設の障がい児以外の児童との集団生活への適応のため，専門的な支援などの便宜を図るためのものである。保育所などでも発達障がい等を有す

る子どもの割合が少しずつ増えている。保育所などの集団生活に円滑に適応できるように拡充されることが望ましい。

2．教育における課題
(1) 特別支援教育

　特別支援教育は，小・中学校のみならず，すべての学校で進めるべきものであり，当然幼稚園においても行われなければならない。

　幼稚園の教員が障がいの特性や対応方法について理解することがまず求められる。特別支援教育の対象になるのは視覚障がい・聴覚障がい・知的障がい・肢体不自由だけではなく，発達障がい，病弱（含・身体虚弱）等もあり，それぞれについて理解することが必要である。

　「学校教育法」第18条は学齢児童・生徒の就学猶予・就学免除を定めている。これは，「病弱，発育不完全その他やむを得ない事由のため，就学困難と認められる者」が該当する。1979（昭和54）年，養護学校への就学が義務化されたが，現在も就学猶予・就学免除に該当する障がい児が存在する。就学の対象の拡大も課題である。

(2) 個別の教育支援計画

　現在，特別支援教育においては，「個別の教育支援計画」や「個別の指導計画」が策定されている。これらは，計画作成段階から学校だけではなく医療機関や福祉サービス機関，そして家庭と連携して，成長に応じて引き継いでいくことが求められる。

　個別の教育支援計画は，障がいのある児童生徒の一人ひとりのニーズを正確に把握し，教育の視点から適切に対応していくため，長期的な視点で乳幼児期から学校卒業後までを通じて一貫して的確な教育的支援を行うことを目的とする。これら支援は，教育だけではなく，福祉・医療も含めた多面的な支援が必要であり，関係機関との連携や協力を得たうえで実施されなければならない。関係者の意見を集約して計画策定をするため，特別支援教育コーディネーター

が置かれるほか,学校内でも計画作成委員会を設けることが求められている。計画案の作成やその実施は,障がいのある児童生徒の指導を担当する教員等が行う。対象となる児童生徒の進学等に際して,一貫性のある適切な教育を行うため計画の作成の業務の引き継ぎがなされなければならない。福祉や医療との連携が円滑になされるように平素から機関相互の連携が重要である。

児童生徒への適切な教育的支援を行うには,保護者の視点と役割を欠くことはできない。個別の教育支援計画を作成するにあたっても,保護者がしっかりとかかわり,計画の内容に保護者の意見も十分に反映して作成することが求められる。

参考文献
井村圭壯・相澤譲治編著『保育と社会的養護』学文社,2014年
井村圭壯・相澤譲治編著『保育と家庭支援論』学文社,2015年
井村圭壯・今井慶宗編著『現代の保育と家庭支援論』学文社,2015年
尾崎康子・小林真・水内豊和・阿部美穂子編著『よくわかる障害児保育』ミネルヴァ書房,2010年
田淵優・中本秋夫『障害児の保育と教育』(新版改訂第2版)建帛社,2010年
藤永保監修『障害児保育―子どもとともに成長する保育者を目指して―』萌文書林,2012年

第15章 支援の場の広がりとつながり

第1節　支援の場の広がり

　近年，障がい児・者や子どもに関する法律の整備や見直しが行われており，障がい児をめぐる状況も大きく変化してきている。2015（平成27）年から施行された「子ども・子育て支援新制度」では，地域の子育て支援の充実が図られており，障がい児についても地域社会への参加・包容（インクルージョン）を進めていくことに合わせ，支援の場も広がっている。

　何らかの障がいやそのおそれがある子どもたちを支援する場として，「児童福祉法」に基づく障害児入所支援と障害児通所支援がある。これらの施設利用には，児童相談所，市町村保健センター，医師等による診断書が必要である。しかし，診断書の必要がない支援の場もある。親子教室，ことばの教室，運動教室とよばれるもので，気兼ねなく相談や療育ができる場である。また，障がいがある子もない子も共に育つ場としての保育園や子育て支援事業の"つどいの広場"も支援の場である。

　「児童福祉法」に基づく支援の場については，第11章および第13章で述べられているので，ここでは診断書の必要がない支援の場と保育所の役割について述べる。

1．さまざまな支援の場

(1) 親子教室

　親子教室は法律に基づく制度ではなく，乳幼児健診後のフォローアップ事業として自治体が工夫して運営しているものが多い。「親子あそびの教室」「親子グループ」等の名称がある。健診で発達の遅れや発達障がいの可能性を疑われ，個別相談までのつなぎとして，また，育児不安や育児に問題を抱えている親にも紹介される。

　ここでは，親子での楽しい遊びを通して，子どもの経験や興味を広げ，保護者も子どもとのかかわり方を学ぶ。集団の楽しい雰囲気のなかで行われるため，他児とのかかわりが少なかった子どもは，集団から良い刺激をうけ，発達を促す効果が認められている。また，親にとっても，仲間づくりの場として互いに悩みを話し，情報交換の場になっている。

(2) ことばの教室

　ことばの教室は難聴や言語障がい児を支援するための通級指導教室である。乳幼児健診後のフォローアップや，ことばの遅れが気になる保護者が直接利用を申し込む。利用者には，その特性から自閉症など発達障がいの診断やその疑いがある子どもも含まれる。

　教室は，幼稚園内もしくは小学校の教室と併設され，担当する職員は設置形態により異なるが，幼稚園教諭，言語聴覚士，保育士，退職教諭などである。

(3) 運動教室

　運動教室は大学の教育学部が体育館などを使用して行う場合や市町村と大学とが提携して行う場合がある。主に発達障がいの子どもを対象にしたプログラムが多いが，大学教員の指導の下で，学生が子どもたちに受容的に関わることで，子どもの運動スキルが向上し，情緒的安定が得られている。運動への自信や意欲が高まることで，他児との運動あそびが増え，苦手だった人との関わりが積極的になるなどの効果がある。

(4) NPO法人

　「子ども・子育て新制度」のなかに地域子育て支援拠点事業がある。地域に住む子育て中の親子の交流や育児相談，情報提供などを行い，当事者の支え合いにより地域の子育て力を向上させようとするものである。

　この事業に参画するNPO法人のなかには，障がい児やその親の支援を専門に事業展開しているところもある。また，全国の地域子育て支援拠点「つどいの広場」でも障がい児を受け入れ支援する動きがある。障がいを理解し，人と人の橋渡しを上手にするスタッフがいることで，そこは地域の人びととの出会いの場になり，障がいの理解を広く進めることができるだろう。

2．地域での保育所の役割

　「保育所保育指針」第6章では保護者に対する支援が述べられている。ここには保育所の役割として，地域の保護者等に対する子育て支援を積極的に行うことが求められている。具体的には，園庭の開放や，園内の一室をサロンとして親子が自由に過ごす場の提供，親子あそびの提供，図書や絵本の貸し出し，育児講座や調理講習の実施，育児サークルの支援などを行っている。このように地域の子育てセンターとして，気軽に利用できる場としての保育所があり，保育のプロとしての保育士の関わりが求められている。

　すべての子どもの生活の場としての保育所であるが，障がい児保育の視点からみると，特別な配慮が必要な子どもを適切な時期に適切な支援につなげることができる保育士の専門性が求められる。これについては，"保育コーディネーター"として第3節で紹介する。

第2節　地域ネットワーク～支援のつながり～

　地域ネットワークとは障がい児とその家族が生活している市町村でうけることができる支援サービス網のことである。子どもが障がいをもつ，あるいは障

がいが気になる時期はそれぞれであるが，その時点から相談が始まり，適切な時期に適切な支援について保護者と専門家とで考えていくことになる。相談や支援が，生活の場からそう遠くない場所でうけられることは，保護者にとって利便性が高いというメリットだけでなく，子どもがその地域で成長し，生きていく安心感にもつながる。しかし，ネットワークを成立させるためには，以下に述べるような縦と横の連携が確実になされることが必須となる。

(1) 縦の連携

　障がいをもつ子どもへの支援は年齢や発達段階によって，その内容が異なっていく。乳幼児期は，心身の発育促進，言葉の指導，対人関係の基礎作り等，発達のための基礎作りを目標として行われる。小学校に入学すると，支援目標はさまざまな生活体験を通して生きる力に結びつく基礎的・基本的な知識・技能の習得であり，自立のための基礎的な力をつけることを目指す。その後は就労や地域生活につなげる支援が目標となっていく。

　それぞれの子どもに対する細やかな支援計画はライフステージに合わせて立てられるが，現実には入学や進学，卒業といった移行期に，支援を行う担当者が替わることが多く，支援内容や考え方に一貫性を欠いたり，支援そのものが途切れてしまうことがある。子どものライフステージに応じて一貫した支援を行うために，相談支援体制の充実，移行期における支援，個別の支援計画の活用等について検討されなければならない。このようなライフステージに応じた切れ目のない連携のことを縦の連携という。

(2) 横の連携

　どの子どももライフステージに応じて，保健，医療，福祉，保育，教育，就労支援等のさまざまの支援をうけて育つ。障がいがある場合は，その障がいに応じた必要な支援を厚みを増してうけることになるが，これらの支援機関の連携が子どもの普段の生活を支えるために重要となる。

　たとえば，ここに自閉症スペクトラムと診断された5歳児の保育園児がいると仮定する。この子どもは児童発達支援センターで週2日の療育をうけてお

り，保育園との並行通園をしている。また，病院での診察も毎月あり，療育手帳を取得している。この子どもの小学校入学にあたって，学校が適切な支援をするためにどのような情報が必要になるだろうか。子どもの障がいの特徴，保育園での様子，児童発達支援センターでの様子，医師の所見に加え保護者の意向も必要である。それぞれの専門家から見た子どもに関する情報を集め，子どもを理解したうえで，小学校での支援を考えていくことが子どもや保護者にとっての安心となる。そして入学後は小学校での様子が情報として加わり，子どもの支援をそれぞれが継続していくのである。このようにライフステージにおける，保健，医療，福祉，保育，教育等のつながりを横の連携という。

第3節　先進的取り組み

　支援の場の広がりとつながりのなかで，障がいをもつ子どもが育つための環境が整いつつある。なかでも発達障がいに関する取り組みは2005（平成17）年「発達障害者支援法」の施行から，乳幼児期から成人期までそれぞれのライフステージにあった適切な支援がうけられるように体制整備が進んできている。
　その先進的取り組みとして，大分県発達障がい支援ネットワークと大分県豊後大野市の社会福祉法人萌葱の郷豊後大野子育て総合支援センターを紹介したい。

1．大分県発達障がい支援ネットワーク

　この支援ネットワークの中心は，県から委託された発達障がい者支援センター「イコール」である。支援センターでは，相談支援，就労支援，療育支援，普及啓発および研修の他に「大分県発達障がい者支援専門員養成研修」を行っている。受講対象者は県内の医療，保健，福祉，教育，労働の各分野で実際に発達障がい児・者の支援や関わりがある人びとである。さまざまな分野の人びとが一緒に3年間の養成研修をうけ，研修修了後には，「大分県発達障がい者

支援専門員（スーパーバイザー）」という資格が認定され，それぞれの地域や職域において発達障がい支援の専門家として，ネットワーク構築のつなぎ役となる。職域は違っても3年間一緒に研修をうけることで，互いが顔なじみになり，専門家どうしの連携や協働が顔の見える実効性の高い連携となる。

また，県の事業の発達障がい者支援専門員派遣事業では，支援専門員が市町村からの要請によって保育園や施設，学校のケース会議や研修会などに出かけ，アドバイザーや講師を務めたりもしている。このように，県内のどの地域にも支援専門員がおり，相談をしやすい仕組みが整えられている。

2．豊後大野子育て総合支援センター

(1) ハード面の充実～同一敷地内に施設があるということ～

大分県豊後大野市は人口約38,500人，世帯数約16,400世帯（平成27年2月現在）で，自然に恵まれた農業中心の市である。

豊後大野子育て総合支援センターは，町の中心部からは離れてはいるが，市民グラウンドや市役所支所などがあり，市民が集まる場所にある。ここに幼保連携型認定こども園（いぬかいこども園），子育て支援センター（ゆうゆうキッズ），こども発達・子育て支援センター（なかよしひろば）が同一敷地内にある。

つまり，就学前の教育・保育・療育・相談といった子育て支援がここに来ればうけられるようになっている。同一敷地内に保育施設，療育施設，相談所があるため，たとえば自閉的傾向のある幼児が週3日認定こども園に通い，残りの2日は隣の子ども発達・子育て支援センターに通って療育をうけるという並行通園をする場合，子どもにとっても保護者にとっても心理的にも経済的にも負担が少なくてすむ。また，集団が苦手な子どもの場合，まずは子ども発達・子育て支援センターに通い，1対1の関わりから少人数へ，いずれは隣の子ども園へ入園という移行もスムーズにいくであろう。また，子ども園の保護者が子育ての悩みがある場合，すぐに相談できる環境があり，知らない場所ではないので利用しやすい。

第 15 章　支援の場の広がりとつながり　133

【目的】保育所(園)及び認定こども園において，特別な配慮が必要な児童や家庭に応じた専門的な支援を行うとともに，関係機関と連携して適切な時期に適切な支援につなげる人材を養成し，大分県内の地域に根ざした子育て支援体制を整える。

【実施主体】大分県，大分県保育連合会

定員80名
（6圏域）

第1日	「オリエンテーション／県こども子育て支援課」 「保育所等に求められる役割と期待／運営委員会」 「家庭支援論／東九州短期大学」
第2日	「発達障がいの理解と気になる子どもの対応／別府発達医療センター」 「社会的養護を要する子どもたちへの支援／中央児童相談所」
第3日	「視察研修Ⅰ／児童発達支援センター」 「初期対応から要保護児童対策地域協議会へ／中央児童相談所」
第4日	「保育コーディネーターのための相談援助技術／別府大学短期大学部」 「行政説明：地域の子育て支援サービス，ひとり親家庭への支援，障がい児の支援サービス」
第5日	「視察研修Ⅱ／地域子育て支援拠点」 「視察研修Ⅲ／支援学校」
第6日	「実際の支援に向けて(発達障がい児)／大分県発達障がい者支援センター」 「実際の支援に向けて(ホームスタート)／おおいたホームスタート」
第7日	「視察研修Ⅳ／児童発達支援センター」 「事例検討／運営委員会」

12月下旬「レポート課題提示」，1月上旬「レポート締め切り」
1月下旬「認定考査」，2月上旬「認定式」

図15－1　大分県保育コーディネーター養成研修

出所）五十嵐猛「大分県発達障がい支援ネットワーク」説明資料，2015年

(2) ソフト面の充実～保育コーディネーター～

　保育コーディネーターとは，保育所等における支援機能を強化するために，ソーシャルワーカー的な役割を担う職員のことである。これは，大分県独自の養成システムであり，保育所の主任保育士や認定こども園の主幹教諭や同等の能力を有する者が1年かけて研修をうけ，県知事から認定される。

　図15-1の研修プログラムからわかるように，保育コーディネーターは障がい児，要保護児童，配慮が必要な家庭への支援について学習する。また法律を

含め行政の仕組みを学習し，そのうえで児童発達支援センターや支援学校といった地域資源を視察することによって，それぞれの資源がどのような所か，どのような人がいてどんなことをしているのかを理解することができる。

そのため，園に気になる子どもがいる場合や相談をうけた場合に，その子どもに合った支援の仕方や専門機関へのつなぎを家庭への配慮を行いながら適切かつスムーズに行うことができる。

このように，園に保育コーディネーターがいることで，支援が必要な子どもに早い段階で気づくことができ，園全体で子どもを理解し，支援する仕組みができていくだろう。このことは，支援が必要な子どもだけでなく，園に在籍するすべての子どもにとって利益となる。また保育者にとっても大きな学びをえることができ，子どもの発達・成長に関与できる喜びを感じることがより多くなるのではなかろうか。

以上，先進的取り組みを紹介した。広がりとつながりがイメージできたかと思う。この取り組みでもっとも大きくかつ重要なポイントは，行政との連携である。地方自治体とつながり，国から提案された構想を現実化し，地域の人材育成まで行うことができている。このようなつながりができたのは，保育施設，療育施設等と児童相談所，保健所といった公的機関とのこれまでの地道な関係構築と信頼関係が土台となっている。このことは他機関と協働するためには忘れてはならないことである。

参考文献

五十嵐猛「大分県発達障がい支援ネットワーク」説明資料，2015年

河野智佳子・伊藤良子「東京都内保健センターで行われる親子教室に関する調査研究」『東京学芸大学紀要総合教育科学系』62(2)，2011年

厚生労働省「障害児及び障害児支援の現状」2013年

厚生労働省「保育所保育指針」2008年

近藤直子・白石正久・中村尚子編『保育者のためのテキスト障害児保育』全国障害者問題研究会出版部，2014年

笹森洋樹ほか「発達障がいのある子どもへの早期発見・早期支援の現状と課題」『国立特別支援教育総合研究所紀要』第 37 巻，2010 年
障害児支援の在り方に関する検討会「今後の障害児支援の在り方について（報告書）〜「発達支援」が必要な子どもの支援はどうあるべきか〜」厚生労働省，2014 年
内閣府「子ども・子育て支援新制度の施行と障害児支援の充実について」2015 年
内閣府「地域子ども・子育て支援事業について」2015 年

索 引

あ 行

愛育研究所異常児保育室……………7
IQ ………………………………32
ICF の構成要素間の相互作用………5
ICF モデルの視点から見たＡ君……5
遊び……………………………………57
医療的ケアシステム………………115
近江学園……………………………9

か 行

学習障がい…………………………41
活動………………………………………5
環境……………………………………57
機能形態障害…………………………4
教育支援計画………………………125
記録と評価…………………………52
筋ジストロフィー…………………22
ケース会議…………………………75
国際障害分類………………………1, 4
国際生活機能分類……………………4
国内研究……………………………77
子どもの最善の利益への配慮……84
個別の教育支援計画………………91
個別の支援計画………………50, 91
個別の指導計画………………50, 89
コミュニケーション………………68

さ 行

作業療法士…………………………23
参加………………………………………5
支援学校幼稚部教育要領…………123
支援計画……………………………47

視覚障害……………………………24
肢体不自由児………………………21
指導計画………………………47, 57
児童発達支援………………………121
児童発達支援センター……………121
児童福祉法……………………………3
自閉症スペクトラムがい……39, 40
社会的相互作用……………………65
社会的不利……………………………4
社会モデル……………………………2
障がい…………………………………1
障害……………………………………1
障碍……………………………………1
障害児の受け入れについて………10
障害児保育事業……………………10
障害児保育実施要綱…………………9
障害児保育対策事業実施要綱……10
障害者基本法…………………1, 3, 90
障害者支援施設………………………1
障害者制度改革推進会議……………1
障害乳幼児対策 1974 大津方式……9
心身機能・身体構造…………………5
心身障害児通園事業実施要綱………8
新生児聴覚スクリーニング検査…110
身体障害者福祉法……………………4
スーパービジョン…………………75
精神薄弱……………………………31
精神保健及び精神障害者福祉に関する法律……………………………4
全国障害者問題研究会………………8
全国保育士会倫理要領……………73
全国民間保育団体合同研究会………8
先天性代謝異常等検査……………110

た 行

ダウン症候群……………………33
チームワーク……………………73
知的障がい………………………31
知的障害児（者）基礎調査…………1
知的障害者福祉法…………………4
注意欠陥多動性障がい……………40
聴覚障がい児……………………27
デイサービス…………………121
特別支援学校………………5, 122
特別支援学校のセンター的機能……88
特別支援教育………102, 122, 125
特別支援教育コーディネーター…116
特別支援教育支援員……………121
特別支援教育連携協議会………102
『特別保育事業の実施について』の取り扱いについて………………10

な 行

乳幼児健康診査…………………110
妊産婦手帳制度…………………109
認定特別支援学校就学者………112
脳性まひ…………………………21
能力障害…………………………4

は 行

発達障がい………………………39
発達障害者支援法………………1, 4, 39
ピープルファースト………………3
PDCA サイクル…………………48
氷山モデル………………………42
保育課程…………………………57
保育所等訪問支援……………121, 124
保育所保育指針……14, 47, 57, 87, 89
保育所保育指針解説書…………89, 92
保育所訪問事業…………………23
保育対策等促進事業の実施について……………………………10
保育問題研究会……………………7
保健所法………………………109
保護者支援………………………79
母子健康手帳制度………………109
母子保健制度……………………109
母子保護法………………………109

や 行

幼稚園教育要領……………14, 88, 90
幼稚園教育要領解説………………91

ら 行

理学療法士………………………23
リハビリテーション……………113

編著者紹介

井村　圭壯（いむら・けいそう）
1955 年生まれ
現　　在　岡山県立大学教授　博士（社会福祉学）　保育士
主　　著　『戦前期石井記念愛染園に関する研究』（西日本法規出版，2004 年）
　　　　　『日本の養老院史』（学文社，2005 年）
　　　　　『日本の社会事業施設史』（学文社，2015 年）
　　　　　『社会事業施設団体の形成史』（学文社，2015 年）

相澤　譲治（あいざわ・じょうじ）
1958 年生まれ
現　　在　神戸学院大学教授
主　　著　『障害者ケアと福祉実践』（相川書房，1998 年）
　　　　　『福祉職員のスキルアップ』（勁草書房，2005 年）
　　　　　『介護福祉実践論』（久美出版，2006 年）
　　　　　『スーパービジョンの方法』（相川書房，2006 年）

現代の障がい児保育

2016 年 1 月 15 日　第一版第一刷発行
2017 年 1 月 31 日　第一版第三刷発行

編　者　井　村　圭　壯
　　　　相　澤　譲　治
発行所　㈱　学　文　社
発行者　田　中　千　津　子

東京都目黒区下目黒 3-6-1　〒 153-0064
電話 03(3715)1501　振替 00130-9-98842
http://www.gakubunsha.com

©2016　IMURA Keiso & AIZAWA Joji
Printed in Japan

落丁・乱丁本は，本社にてお取替えいたします。
定価は売上カード，カバーに表示してあります。
印刷／亨有堂印刷所
ISBN978-4-7620-2586-0　　検印省略